動画つきでよくわかる！ 刺しゅう基礎

朝日新聞出版

CONTENTS

刺しゅうを楽しむ

エコバッグ …… 6

チャーム …… 7

ブラウス …… 8

カバーオール …… 9

巾着 …… 10

1章 刺しゅうの基本

刺しゅうを始める前に

糸について …… 12

針について …… 13

布について …… 14

刺しゅうの用具 …… 15

刺しゅうをする前の下準備 …… 16

図案の写し方 …… 16

刺しゅう枠の使い方 …… 16

刺しゅう糸の使い方 …… 17

糸の通し方 …… 18

刺し始めと刺し終わり …… 18・19

図案の見方と刺し方 …… 20

仕上げ …… 20

2章 刺しゅうのステッチの種類

自由刺しゅうの基礎

ストレート・ステッチ …… 22

ランニング・ステッチ

ランニング・ステッチ …… 22

ウィップド ランニング・ステッチ …… 23

スレッデッド ランニング・ステッチ …… 23

シード・ステッチ …… 24

ダーニング・ステッチ …… 24

ジグザグ・ステッチ …… 25

フィート シーフ・ステッチ …… 25

バック・ステッチ

バック・ステッチ …… 26

ウィップド バック・ステッチ …… 26

スレッデッド バック・ステッチ …… 27

ペキニーズ・ステッチ …… 27

アウトライン・ステッチ

アウトライン・ステッチ …… 28

糸の本数をかえると太さがかわる …… 28

糸の重なり分をかえると太さがかわる …… 29

カーブのある線を刺すときのコツ …… 29

アウトライン フィリング …… 30

ウィップド アウトライン・ステッチ …… 31

スレッデッド アウトライン・ステッチ …… 31

コーチング …… 32

コーチド トレリス・ステッチ …… 32

ルーマニアン・ステッチ

ルーマニアン・ステッチ …… 33

ルーマニアン コーチング …… 33

レイジー デイジー・ステッチ

レイジー デイジー・ステッチ …… 34

ダブル レイジー デイジー・ステッチ …… 34

ツイステッド レイジー デイジー・ステッチ …… 35

レイジー デイジー・ステッチの上から
ストレート・ステッチを刺す …… 35

チェーン・ステッチ

チェーン・ステッチ …… 36

ウィップド チェーン・ステッチ …… 36

チェーン フィリング …… 37

途中で糸が足りなくなったとき …… 37

チェーン・ステッチの種類いろいろ

オープン チェーン・ステッチ …… 38

ブロークン チェーン・ステッチ …… 38

ツイステッド チェーン・ステッチ …… 39

ケーブル チェーン・ステッチ …… 39

フレンチ ノット

フレンチ ノット 1回巻き …… 40

フレンチ ノット 2回巻き …… 40

指を使って巻く刺し方（2回巻きの場合） …… 41

糸の本数をかえると大きさがかわる（2回巻きの場合） …… 41

フレンチ ノット フィリング …… 41

ノットの種類いろいろ

ジャーマン ノット …… 42

ケーブル・ステッチ …… 42

コーラル・ステッチ …… 43

ノットを刺すときのコツ …… 43

バリオン・ステッチ

バリオン・ステッチ …… 44

バリオン ローズ・ステッチ …… 44

バリオン チェーン・ステッチ …… 45

バリオン ノット …… 45

サテン・ステッチ

サテン・ステッチ …… 46

芯入りサテン・ステッチの刺し方 …… 46

図案の形別刺し方ワンポイント …… 47

ロング アンド ショート・ステッチ

ロング アンド ショート・ステッチ ……48

裏もきれいに刺すワンポイント ……49

フライ・ステッチ

フライ・ステッチ ……50

連続して刺すフライ・ステッチ ……50

フェザー・ステッチ

フェザー・ステッチ ……51

ダブル フェザー・ステッチ ……51

ファーン・ステッチ ……52

クレタン・ステッチ ……52

フィッシュボーン・ステッチ ……53

リーフ・ステッチ ……53

ヘリングボーン・ステッチ

ヘリングボーン・ステッチ ……54

クローズド ヘリングボーン・ステッチ ……54

ボタンホール・ステッチ

ボタンホール・ステッチ ……55

クローズド ボタンホール・ステッチ ……55

オープン ボタンホール フィリング ……55

バスケット・ステッチの種類いろいろ

バスケット・ステッチA ……56

バスケット・ステッチB ……56

バスケット・ステッチC ……57

バスケット・ステッチD ……57

リブド スパイダー ウェブ・ステッチ ……58

スパイダー ウェブ ローズ・ステッチ ……58

3章 刺しゅうのワンポイント図案

ラインアート ……60

植物刺しゅう ……62

野の花 ……64

フラワーガーデン ……66

薔薇 ……68

モノトーンの花 ……70

日常のアイテム ……72

ねこ ……74

いぬ ……76

恐竜ワールド ……78

動物いろいろ ……80

乗り物 ……82

スイーツ ……84

文字 ……86・87

アルファベット ……90・91

クリスマス ……94

北欧のモチーフ ……96

連続模様 ……97

4章 クロス・ステッチの基本と刺し方

クロス・ステッチの基礎

針について ……102

布について ……103

図案の見方 ……104

抜きキャンバスとマジックペーパー ……105

クロス・ステッチ

クロス・ステッチの刺し方 ……106

刺し始めと刺し終わり ……106・107

横に往復する刺し方 ……107

1目ずつ刺す方法 ……108・109

ハーフ クロス・ステッチ ……110

ダブル クロス・ステッチ ……110

スリー クォーター・ステッチ ……110

ホルベイン・ステッチ ……111

牧場 ……112

アズレージョ ……114

カバー作品の刺し方 ……116

5章 毛糸の刺しゅう

毛糸の刺しゅうの基礎

糸について ……118

布について ……118

刺しゅう枠について ……118

針について ……119

フルーツバスケット ……120

冬の小物 ……122

花刺しゅう ……124

毛糸の動物刺しゅう ……126

アップリケ ……128

たてまつり ……130

チェーン・ステッチ ……130

ボタンホール・ステッチ ……130

ところどころをステッチでとめつける方法 ……130

応用作品の作り方 ……131

INDEX ……134

ステッチの一覧

ストレート・ステッチ p.22	ランニング・ステッチ p.22	ウィップド ランニング・ステッチ p.23	スレッデッド ランニング・ステッチ p.23

シード・ステッチ	ダーニング・ステッチ	ジグザグ・ステッチ	フィートシーフ・ステッチ	バック・ステッチ	ウィップド バック・ステッチ	スレッデッド バック・ステッチ	ペキニーズ・ステッチ
p.24	p.24	p.25	p.25	p.26	p.26	p.27	p.27

アウトライン・ステッチ	アウトライン フィリング	ウィップド アウトライン・ステッチ	スレッデッド アウトライン・ステッチ	コーチング	コーチドトレリス・ステッチ	ルーマニアン・ステッチ	ルーマニアン コーチング
p.28	p.30 	p.31	p.31	p.32	p.32	p.33	p.33

レイジー デイジー・ステッチ	ダブル レイジー デイジー・ステッチ	ツイステッド レイジー デイジー・ステッチ	チェーン・ステッチ	ウィップド チェーン・ステッチ	チェーン フィリング	オープン チェーン・ステッチ	ブロークンチェーン・ステッチ
p.34 	p.34	p.35	p.36	p.36	p.37	p.38	p.38

ツイステッド チェーン・ステッチ	ケーブル チェーン・ステッチ	フレンチ ノット	フレンチ ノット フィリング	ジャーマン ノット	ケーブル・ステッチ	コーラル・ステッチ	バリオン・ステッチ
p.39	p.39	p.40 1回巻き　2回巻き	p.41	p.42	p.42	p.43	p.44

バリオン ローズ・ステッチ	バリオン チェーン・ステッチ	バリオン ノット	サテン・ステッチ	ロング アンド ショート・ステッチ	フライ・ステッチ	連続して刺す フライ・ステッチ	フェザー・ステッチ
p.44	p.45	p.45	p.46	p.48	p.50	p.50	p.51

ダブル フェザー・ステッチ	ファーン・ステッチ	クレタン・ステッチ	フィッシュボーン・ステッチ	リーフ・ステッチ	ヘリングボーン・ステッチ	クローズド ヘリング ボーン・ステッチ	ボタンホール・ステッチ
p.51	p.52	p.52	p.53	p.53	p.54	p.54	p.55

クローズド ボタンホール・ステッチ	オープン ボタンホール フィリング	バスケット・ステッチA	バスケット・ステッチB	バスケット・ステッチC	バスケット・ステッチD	リブド スパイダー ウェブ・ステッチ	スパイダー ウェブ ローズ・ステッチ
p.55	p.55	p.56	p.56	p.57	p.57	p.58	p.58

クロス・ステッチ	ハーフ クロス・ステッチ	ダブル クロス・ステッチ	スリー クォーター・ステッチ	ホルベイン・ステッチ
p.106	p.110	p.110	p.110	p.111

刺しゅうを楽しむ

刺しゅうには、さまざまな技法がありますが、

中でもよく使われる自由刺しゅうとクロス・ステッチを紹介します。

自由刺しゅうはヨーロッパ刺しゅう、フランス刺しゅうとも呼ばれ、

図案線に沿って刺すことで、布に直接絵を描く刺しゅうです。

クロス・ステッチは布のマス目を数え、

「×」の形に刺して絵を描きます。

刺しゅうは同じデザインでも、糸の太さや、引き加減、

針足の長さによって、大きさや太さがかわり、

でき上がりのイメージがかわります。

写真と見比べながら刺しましょう。

ステッチの基礎は、刺し上がりが同じでも、

名称や刺す順番が異なる場合がありますが、この本を参考に

ご自分の刺しやすいやり方を見つけて楽しんでください。

 刺しゅうの刺し方が、動画で見られます！
初心者でも安心して刺せるように、
ステッチの刺し方を動画で見ることができます。

動画の視聴方法について

QRコードのある刺し方を、動画でご視聴いただけます。
QRコードをスマートフォンなどのカメラをかざして読み取ることで
動画のリンク先に飛んでご視聴いただけます。

iPhone・Android別のQRコードの読み取り方

◆**iPhoneの場合**
iPhoneでは、iOS 11から標準カメラアプリで読み取りが可能になっています。
①「カメラ」アプリを起動させ、読み取りたいQRコードを画面の中に収める。
② 画面の下部に表示される読み取り結果をタップする。

◆**Androidの場合**
①「カメラ」アプリを起動させ、読み取りたいQRコードを画面の中に収める。
②画面の上部に表示される読み取り結果をタップする。
※旧型の機種の場合、QRコードリーダーアプリをダウンロードする必要があります。

動画についての注意点

・本書のQRコードの転載、転売および譲渡を禁じます。
・動画の全部または一部をネットワーク上にアップロードすること、
　複製・複写物を公開することを禁じます。
※本サービスは予告なく変更、終了することがあります。データは2025年3月現在。

エコバッグ

文字を組みあわせて、
オリジナルバッグを
作りしましょう。

デザイン／マカベアリス
作り方／131ページ
刺しゅう図案は90ページ

チャーム

好きな大きさに拡大して刺しゅうをし、
2枚あわせで綿を詰めれば、
うちの子そっくりのチャームに。

デザイン／くまだまり
作り方／132ページ
刺しゅう図案はねこ／74ページ、
いぬ／76ページ

ブラウス
シンプルなブラウスのポケットに可憐な花を咲かせましょう。

デザイン／オノエ・メグミ
作り方／132ページ　刺しゅう図案は66ページ

カバーオール

ワンポイント刺しゅうをするだけで、
心のこもった贈り物に。

デザイン／こむらたのりこ
作り方／132ページ
刺しゅう図案は82ページ

巾着

スーツケースの中身がひと目でわかるように、刺しゅうでアイコン代わりに。

デザイン／マカベアリス
作り方／133ページ
刺しゅう図案は72ページ

刺しゅうの基本

刺しゅうを始める前に知っておきたいこと、用意するものをまとめました。刺しゅう糸、針、布の種類や刺しゅう枠の使い方など、よく読んでから始めましょう。

刺しゅうを始める前に

いろいろな種類がある刺しゅうは、技法によって使う布や糸、針が異なります。最もポピュラーな刺しゅうは25番刺しゅう糸を使った自由刺しゅうです。まずよく読んで自分にあう道具を見つけましょう。

糸について

25番刺しゅう糸はDMC、オリムパス、コスモ、アンカーなど各メーカーによって色のバリエーションや色番号が異なります。25番刺しゅう糸は6本の細い糸をゆるくよりあわせた木綿糸で、色数が豊富です。単色の他、段染めタイプもあり、1本の糸でグラデーションが楽しめるものもあります。

種類は25番、12番、8番、5番などがあり、数字が小さくなるほど太くなり、25番は約8m、5番は25mなど糸長も異なります。

また、繊細な白糸刺しゅうに使われる細いコットンアブローダーや、光沢の美しいサテン糸、輝きをプラスしたいときに使うラメ糸、ウール糸、リボンやモール糸などたくさんの種類があります。用途にあわせて選びましょう。

糸の種類
- 25番刺しゅう糸：DMC／オリムパス／コスモ／アンカー
- 5番刺しゅう糸／12番刺しゅう糸／8番刺しゅう糸
- コットンアブローダー（DMCアブローダー）
- レーヨンの糸（DMCサテン糸(25番)）
- ナイロンの糸（DMCエトワール(25番)）
- ウールの糸（DMC ECO VITA／DMCタペストリーウール(4番)）
- グラデーションの糸（DMCカラーバリエーション(25番)）
- ラメ糸（DMCライトエフェクト(25番)／DMCディアマント）

刺しゅう糸の太さ
実物大
- 25番糸／6本
- 25番糸／1本
- 5番糸／1本
- 8番糸／1本
- 12番糸／1本

ラベルの見方

ラベルには2つの番号が記載されています。上の数字は糸の太さを、下の数字は色番号を表しています。色番号はなくさないように必ず糸につけておきましょう。

太さ ─ 色番号 → 3731

刺しゅうの基本

針について

刺しゅう用の針は糸が通しやすいように縫い針より針穴が大きいのが特徴です。自由刺しゅうは布に通しやすい先端の尖った針を使い、布目の数を数えながら刺すクロス・ステッチは布目を割らないように先端の丸い針を使います。針の数字は小さい方が太くて長く、大きくなるほど細く短くなります。

毛糸の刺しゅうにはシェニール針やタペストリー針を使います。この本で使っているような細い糸はフランス刺しゅう針も使えます。
この他に、リボン刺しゅう用の針、丸小ビーズの穴に通るように細い針穴のビーズ刺しゅう針、縫い針（四ノ三）などがあります。針の太さや長さは布の厚みや糸の太さ、用途にあわせて使い分けます。

フランス刺しゅう針

ビーズ刺しゅう針

クロスステッチ針

タペストリー針

シェニール針

リボン刺しゅう針

縫い針（四ノ三）

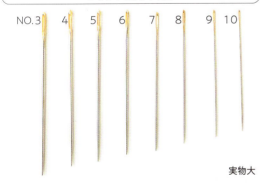

フランス刺しゅう針　NO.3 4 5 6 7 8 9 10　実物大

使用針の目安（フランス刺しゅう針）

針の番号	25番刺しゅう糸	布の厚さ
NO.3	6本以上	厚地
NO.4	5〜6本	厚地
NO.5	4〜5本	中地
NO.6	3〜4本	中地
NO.7	2〜3本	薄地
NO.8	1〜2本	薄地
NO.9	1本	薄地
NO.10	1本	薄地

※針の番号はクロバー社の表記
※5番刺しゅう糸の場合は3〜4番が刺しやすいでしょう。

針の違い

- フランス刺しゅう針…先端が尖っている
- クロスステッチ針…先端が丸く布目を拾いやすい
- タペストリー針…先端が丸くて針穴が大きい
- シェニール針…先端が尖っていて針穴が大きい

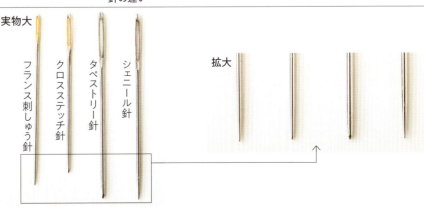

実物大　フランス刺しゅう針／クロスステッチ針／タペストリー針／シェニール針　拡大

布について

布は麻や綿素材が最適です。針の通りがよければ、どのような布にも刺すことができ、既製品にも刺せます。自由刺しゅうには平織りの布が刺しやすいでしょう。布目のゆがみや刺し縮みを防ぐために裏に接着芯を貼ることがありますが、針の通りが悪くならないよう、芯の厚みなどに気をつけましょう。ここでは手芸店で刺しゅう用に販売されている手に入れやすい平織りの刺しゅう用生地を紹介しますが、クロス・ステッチ用の布についてはp.103を参照してください。

布の種類（実物大）

クラッシー（麻）

DMC ヘンプファブリック

中厚（麻）

コットン（綿）

オリムパスエミークロス（綿）

オックスフォード（綿）

シーチング（綿）

接着芯

刺しゅうの用具

刺しゅう糸、布、針の他に用意するもの、あると便利な用具です。図案を写すときは手芸用複写紙とあわせてトレーシングペーパーとセロファンを用意しましょう。セロファンはOPP袋などでも代用ができます。

用意するもの

刺しゅう枠
メーカーによってサイズが異なりますが、直径10～12cmくらいが持ちやすく、刺しやすいでしょう。枠より大きい図案を刺しゅうするときは刺し終わったら枠をずらしながら使います。

DMC／12.5cm、15.5cm、18.5cm、25cmの4サイズ

クロバー／10cm、12cm、15cm、18cmの4サイズ

定規
寸法を測ったり、案内線を引くときに。

手芸用複写紙
布に図案を写すときに片面にチャコがついたものを使います。右は水でかんたんに消せるクリアタイプ。

糸切りばさみ
先端の尖ったよく切れるもの。布を切る裁ちばさみとは別に用意しましょう。

裁ちばさみ
布を切るときに使います。紙を切ってしまうと切れ味が悪くなるので注意。

トレーサー
手芸用複写紙の上に図案、セロファンの順に重ね、図案をなぞって写します。1本の両サイドが太、細のペン先になっています。

水性チャコペン
直接布に図案を描くときや、刺し方向の案内線を引くときに。水で消える、細と極細タイプが便利。

まち針
布に図案を写すときに図案を固定するのに使います。

あると便利なもの

スレダー
針穴にかんたんに糸を通すことができる刺しゅう専用の糸通し。

マグネットニードルケース
マグネット式で針をしっかりキープ。

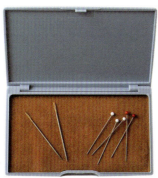

マジックペーパー
図案を描いて布に貼りつけ、刺しゅうをしたあと水洗いで溶かせます。

インテリアに使える刺しゅう枠
カラフルなタイプや、鯖江のメガネと同じ素材で高級感のあるもの、オーバル型など、そのまま飾って使える刺しゅう枠。

ピーシングペーパー
アイロンで仮接着ができる半透明のシートは、刺したあとに縫い目から破ってはずせます。洗えない素材に便利。

刺しゅうの基本

刺しゅうをする前の下準備

布の水通しをしましょう。布目方向をそろえてから刺すことで美しく仕上がります。
ひと手間かけて、布のふちをかがり、刺しゅう枠に布を巻きつけておくと刺しやすくなります。

水通しをして布のふちをかがる

図案を写す前の布に水通しをし、アイロンをかけて布目方向をそろえます。洗えないときは、裏側から霧吹きしてアイロンをかけるだけでも布目がそろいます。
刺しゅうをしている間に布のふちがほつれてこないようにしつけ糸でかがります。作業中の糸と絡まることも防げます。

刺しゅう枠に布を巻く

刺しゅう枠のネジをしっかりとめてピンと布を張りますが、刺している途中でゆるむことがあります。内側の枠に裁ち切りのバイアス布を巻きつけておくと布がずれることなく、刺しやすくなります。巻くときはバイアス布が均等になるように巻きましょう。

図案の写し方

トレーシングペーパーにシャープペンシルで図案を写し、手芸用複写紙を使って布に図案を写します。

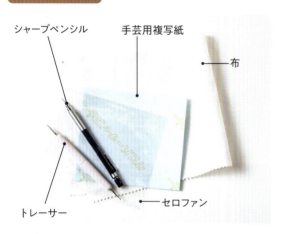

シャープペンシル / 手芸用複写紙 / 布 / トレーサー / セロファン

1 トレーシングペーパーにシャープペンシルで図案を写し、布にトレーシングペーパーを重ねてまち針でとめます。トレーシングペーパーと布の間に手芸用複写紙をはさみ、一番上にセロファンをのせてトレーサーで図案線をなぞります。

2 足りない線がないか確認をしてからまち針をはずします。足りない線は、水性チャコペンを使って描きます。

刺しゅう枠の使い方

ネジをゆるめて外枠と内枠の間に刺しゅう布をはさみ、ピンと張ってネジをしめます。

1 内枠の上に図案が中央にくるように布をのせます。

2 外枠を重ねてはめます。

3 布目がそろうように整えながら、図案が枠の中央にくるように布を引っ張り、ネジをしめます。

刺しゅう糸の使い方

25番刺しゅう糸は、細い糸6本がゆるくよりあわされています。例えば「3本どり」はこの細い糸を3本引きそろえて使うことを表しています。細い糸を1本ずつ引き抜いてそろえ直してから使うこともできますが、下準備をしておくと無駄なく使うことができます。

25番刺しゅう糸

1 ラベルの端から糸端を1本引き出します。

2 全部を引き出し、両端をあわせて2等分にします。ラベルはあとから使うので切らずにとっておきましょう。

3 さらに半分（4等分）に重ねます。

4 3を3等分にし、★印の輪の部分を切ります。

5 25番刺しゅう糸の長さは約8mなので、約70cmの刺しやすい長さになります。

6 切った糸を半分に折り、ラベルを輪に通します。

7 使うときは輪から1本ずつ引き抜いて必要な本数を引きそろえます。6本どりのときも必ず1本ずつ引き抜いてそろえましょう。

5番刺しゅう糸

1 ラベルを抜き、ねじりをほどいて輪にします。結び目のところで糸を切ります。

2 ラベルの1つは端から通して中央に、もう1つは両端を通します。束が崩れにくく最後まで使いやすくなります。

8番、12番刺しゅう糸

8番、12番の糸は外側から糸端を引き出して必要な長さに切って使います。

糸の通し方

刺しゅう糸は指定の本数を引きそろえて一度に針に通します。本数が多く針穴に通しにくいときや、刺している途中で糸が抜けてしまったときはスレダーを使うとかんたんに通すことができます。

1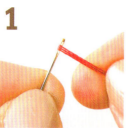
糸を針穴側に引っかけて二つ折りにします。指先でつぶして折りぐせをつけたら、針を下に抜きます。

2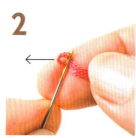
折りぐせをつけた部分を針穴に通して矢印の方向に引き出します。

スレダーの使い方

1 針穴にスレダーの先端を差し込みます。

2 糸を引きそろえてスレダーの輪の中に通します。

3 スレダーを針穴から抜きます。

刺し始めと刺し終わり

刺し始めは玉結びをする方法もありますが、布目が粗くて抜けたり、裏側で糸が絡んだりすることがあります。裏まできれいに仕上げるには刺し終わりと同様にあとから針目にくぐらせて始末をする方法がおすすめです。

線を刺す場合

刺し始めの糸を残しておき、刺し終わってから糸始末をします。

1 図案から少し離れた位置に表側から針を入れます。

2 7cmくらい糸を残し、刺し始めの位置に針を出します。

3 刺し終わったら裏側に針を入れます。

裏側

4 裏側の渡り糸を2〜3目すくって糸をからげます。

Point
途中で糸によりがかかったら

刺しゅうをしていると、糸によりがかかり、そのまま刺し続けると糸がからまる原因になります。ときどき刺しゅう枠を持ち、針を垂らしてよりを戻してから刺し進みましょう。

5 糸端を引きながら、根元のきわで糸を切ります。

6 表側に残しておいた刺し始めの糸端を針先を使って裏側に引き出します。

7 刺し終わりと同じように裏に渡った糸を2〜3目すくって糸をからげて始末をします。

こんな方法もあります

[ループメソッド] 2本どり以上の偶数の場合は、指定の本数の半分の糸を二つ折りにして輪を作り、裏側で輪に通してとめます。糸によりがかかりやすので、よりを戻しながら刺します。

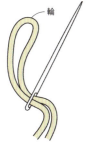

1 指定の本数の半分（2本どりの場合は1本）の糸を二つ折りにし、輪の側を針に通します。

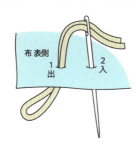

2 輪の部分を裏側に少し残し、1目めを刺します。

3 裏側に残しておいた輪に針を入れます。

4 糸を引いてとめ、続けて刺し進みます。

面を刺す場合

刺し埋める面の中で先に糸始末をしてから刺しゅうをします。

1 図案線の内側を表側からひと針すくいます。

2 糸端を1.5cmくらい残して糸を引き、返し針の要領で針を入れた同じ針穴に針を入れます。

3 糸を引いて糸端がとまったところ。

4 刺し始めの位置に針を出し、糸端を根元のきわで切ってから刺しゅうをします。

5 刺し終わったら裏返し、裏に渡った糸を2〜3目すくって糸をからげ、根元のきわで糸を切ります。

図案の見方と刺し方

図案ページには糸の種類、色番号、指定の本数、ステッチの種類が記載されています。図案が見やすいように、欄外に凡例をまとめて図の中を省略記号にしたページもあります。刺す向きなどは写真ページと見比べながら刺しましょう。

ビギナーの方は、刺す順番はどこから？と悩むこともあるでしょう。でも、決まりはありません。刺しやすいパーツから刺してよいのですが、3つの図案でおすすめの順番を紹介します。丸数字の順を参考にしてください。

凡例
- 糸はDMC25番刺しゅう糸 指定以外は2本どり
- ステッチは指定以外サテン・S
- O＝アウトライン・S
- LS＝ロングアンドショート・S
- F＝フレンチノット（2回巻き）
- ★＝レイジーデイジー・Sの上からストレート・Sを刺す

A フィリングで埋めるときは中心を刺してからまわりを囲むように刺す

①花しんを刺し、②花びらで囲むと刺しやすいでしょう。③がくは花の輪郭に沿うように隙間をあけずに刺します。④茎を刺してから⑤左右に葉っぱを刺すとバランスがとりやすいでしょう。

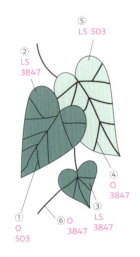

B 重なっている図案は手前にあるパーツから刺す

①手前の葉っぱの葉脈を刺し、②、③の葉っぱを刺します。④後ろ側の葉脈を刺し、⑤隙間を埋めるように葉っぱを刺します。⑥最後に茎を刺します。

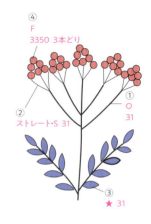

C フレンチノットやバリオン・ステッチのような立体の刺し方は一番最後に刺す

刺しゅう枠をずらしながら刺し進めると、刺した部分が枠と重なってつぶれてしまうことがあります。フレンチノットやバリオン・ステッチがあるときは最後に刺しましょう。①、②茎を刺してから、③対称になるように葉っぱをバランスよく刺し、④花の順に刺します。

仕上げ

刺し終わったら、刺し忘れているところがないか、また、糸始末をしていないところがないか裏も返して確認しましょう。
すべて終わったら、下絵の残った線を消してからアイロンをかけて仕上げます。

図案の下絵を消す

図案の下絵が残ったところは水で濡らした綿棒の先で擦らず軽くたたいて消します。落ちにくいときは霧吹きをし、洗える素材の場合は水洗いをして消します。

便利な道具 消しペン

水性の印は、消しペンで線をなぞるときれいに消せます。

アイロンのかけ方

刺しゅう面がつぶれないように力を入れすぎないようにしましょう。アイロン台にタオルを敷き、白い薄手の布をタオルの上にさらに重ねるとよいでしょう。刺しゅう面を下にして裏からアイロンをかけます。タオルがクッションになって刺しゅう面のつぶれを防いでくれます。

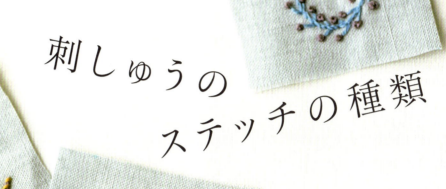

刺しゅうの ステッチの種類

刺しゅうによく使われるステッチの種類とそのバリエーション。わかりやすいイラストと動画解説を見ながら楽しくレッスンしましょう。

自由刺しゅうの基礎

自由刺しゅうの基本になる、よく使われる刺し方です。線を刺す、面を埋める、点を刺すの3つに大きく分けられます。基本の刺し方に巻きつけたり、糸をくぐらせたり、面積を刺し埋める応用のステッチも紹介します。

※応用図案の刺し方ページではステッチ＝・Sで表記しています。

刺しゅうのステッチの種類

ストレート・ステッチ
STRAIGHT STITCH

針目の長さをとってひと針で刺す、最も基本になるステッチです。針目の長さや角度をかえることで線以外にも円形の花などの模様が刺せます。

1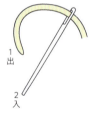
1から針を出し、2に入れます。

2
図案線が近いときは続けて3から針を出し、4に入れて刺し進みます。針目の長さがそろうように刺します。

3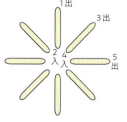
円形に刺すときは外側から針を出し、内側に入れます。

ランニング・ステッチ
RUNNING STITCH

ひと針ずつ「針を出す」「針を入れる」を繰り返します。針目の間隔をそろえ、糸を引きすぎないように注意して刺します。

1 左方向に刺し進みます。1から針を出し、2に入れます。

2
針目の長さがそろうように、1、2と同じ間隔をあけて3に針を出します。

3
1、2と同じ間隔で4に針を入れます。

4
糸を引きすぎてしわが寄ったり、布がたるまないように気をつけましょう。

22

| ランニング・ステッチの応用1 |

ウィップド ランニング・ ステッチ
WHIPPED RUNNING STITCH

巻きつけランニング・ステッチとも呼ばれます。先に刺したランニング・ステッチに別糸を巻きつけます。ランニング・ステッチが崩れないようにゆるく巻きつけます。

1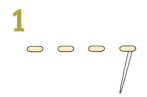
ランニング・ステッチを刺し、別糸で端の目の下から針を出します。

2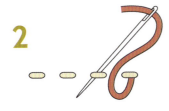
布をすくわないように、次の目を上からすくいます。

3
ランニング・ステッチの目に糸をゆるく巻きつけます。

| ランニング・ステッチの応用2 |

スレッデド ランニング・ ステッチ
THREADED RUNNING STITCH

ランニング・ステッチに別糸を上下に通します。輪郭線に変化をつけたいときなどに色をかえて刺すと効果的です。

1
ランニング・ステッチを刺し、別糸で端の目の下から針を出し、布をすくわないように、次の目を下からすくいます。

2
次の目は上からすくいます。

3
上下交互に糸を通すことを繰り返します。通した糸の輪がそろうように糸の引き加減に気をつけましょう。

刺しゅうのステッチの種類

シード・ステッチ
SEED STITCH

バック・ステッチ (p.26) の要領で、針目を等間隔にあけて刺し進みます。

1

左方向に刺し進みます。1から針を出し、右側に戻るように2に入れます。

2

1、2の2倍間隔をあけて3に針を出します。

3

1〜3の中央4に針を入れます。

4

等間隔に針目の長さをそろえて刺しましょう。

> **Point** シード・ステッチで刺し埋めるときは、ランダムに向きをかえて刺す場合もあります。

ダーニング・ステッチ
DARNING STITCH

列ごとに針目が交互になるランニング・ステッチです。図案によって針目の長さを調節しましょう。

> **Point** ダーニングとは、「繕う」という意味。装飾の他に布の補強に使われる刺し方です。

1

8 7 6 5 4 3 2 1

ランニング・ステッチ (p.22) を1列刺します。

2

布を180度回転させ、1列めの針目の間にステッチを作ります。

3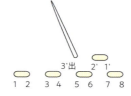

1列めと平行になるように**2**を繰り返します。

4

列の間が等間隔になるように向きをかえながら、針目が交互に出るように刺します。

ジグザグ・ステッチ
ZIGZAG STITCH

バック・ステッチ (p.26) の要領で山形を1つずつ作っていきます。山形が左右対称になるように、糸の引き加減に注意しましょう。

1 1から針を出し、三角形を描くように2に入れ、等間隔になるように3から出して糸を引きます。

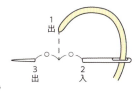

2 1と同じ針穴4に針を入れ、5から出し、糸を引きます。

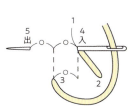

3 山形が左右対称になるように続けて刺します。糸が引きつれたり、ゆるんだりしないように気をつけましょう。

フィートシーフ・ステッチ
WHEAT SHEAF STITCH

ハンドル・ステッチとも呼ばれます。縦に刺した3本の糸の中心を束ねる刺し方です。

1 等間隔になるように縦に糸を3本刺します。

2 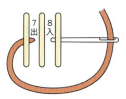 中央の糸の左から針を出し、両側の糸をすくって8に入れます。

3 糸を引いて1を束ねます。糸が引きつれないように注意しましょう。

25

刺しゅうのステッチの種類

バック・ステッチ
BACK STITCH

返し縫いの要領で同じ長さの針目で戻るように刺します。前の針目とつながったラインになります。

1
左方向に刺し進みます。1から針を出し、右側に戻るように2に入れます。

2
1、2と同じ長さの間隔をあけて3に針を出します。

3
1と同じ針穴4に針を入れます。

4
針目の長さが同じになるように続けて刺します。

バック・ステッチの応用1

ウィップド バック・ステッチ
WHIPPED BACK STITCH

巻きつけバック・ステッチとも呼ばれます。先に刺したバック・ステッチに別糸をゆるく巻きつけます。

1
バック・ステッチを刺し、別糸で端の目の下から針を出します。

2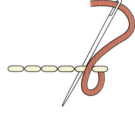
布をすくわないように、次の目を上からすくいます。

3
バック・ステッチの目をすくって糸をゆるく巻きつけます。

バック・ステッチの応用2

スレッデッド バック・ステッチ
THREADED BACK STITCH

バック・ステッチの上下に別糸を通します。色をかえて刺すと効果的です。

1 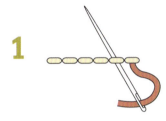 バック・ステッチを刺し、別糸で端の目の下から針を出し、布をすくわないように、次の目を下からすくいます。

2  次の目は上からすくいます。

3 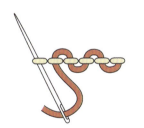 上下交互に糸をゆるく通すことを繰り返します。通した糸の輪がそろうように糸の引き加減に気をつけましょう。

バック・ステッチの応用3

ペキニーズ・ ステッチ
PEKINESE STITCH

先に刺したバック・ステッチに返し縫いの要領で別糸を2回ずつ巻きつけます。

1 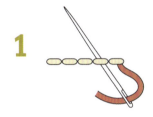 バック・ステッチを刺し、別糸で端の目の下から針を出し、布をすくわないように、次の目を下からすくいます。

2  端の目を上からすくいます。針先が巻いた糸の手前になるようにして糸を引きます。

3 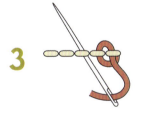 1目飛ばした目を下からすくいます。

4 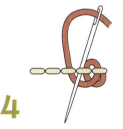 1目戻って上からすくいます。

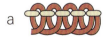 糸の引き加減でa、bのようにアレンジができます。

アウトライン・ステッチ
OUTLINE STITCH

刺しゅうのステッチの種類

左から右へ刺し進みます。前の針目に重ねるように次の針を出します。

糸の本数をかえると太さがかわる（実物大）

写真は25番刺しゅう糸を使ったアウトライン・ステッチ。糸の本数をかえることで線の太さがかわります。

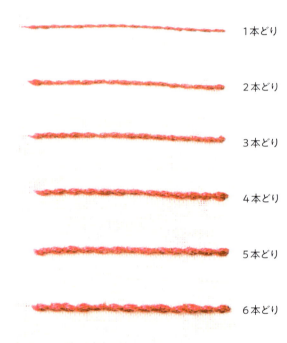

1本どり
2本どり
3本どり
4本どり
5本どり
6本どり

1

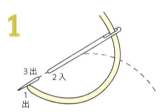

1から針を出し、糸を手前に置いて2に入れ、3から出します。

Point 出ている糸を必ず手前に置きます。

2

4に針を入れ、2と同じ針穴5から出します。

3

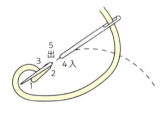

2を繰り返すことで、糸が斜めに並んだステッチになります。

糸の重なり分をかえると太さがかわる

同じ本数でも糸の重なり分をかえることで線の太さをかえることができます。写真はすべて3本どりです。中央は基本の刺し方です。写真上は重なり分を1/3にすることで細い線になり、下は重なり分を2/3にすることで太い線になりました。

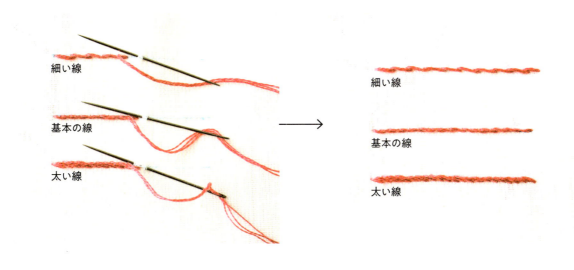

カーブのある線を刺すときのコツ

糸が飛び出ないように小さな針目で丁寧に刺します。

縦書き: 刺しゅうのステッチの種類

アウトライン・ステッチの応用1
アウトライン フィリング
OUTLINE FILLING

図案線の外側から内側に向かってアウトライン・ステッチで1周ずつ刺し埋めます。
渦巻き状に刺す場合もあります。

[円形を埋める場合] 　　　[角がある葉っぱなどの場合]

1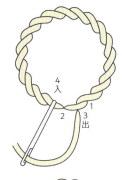
図案の輪郭線に沿ってアウトライン・ステッチで1周し、最後は刺し始めの針穴に針を入れます。

1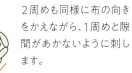
図案の輪郭線に沿ってアウトライン・ステッチで右端まで刺したら、裏側に針を入れます。

2
3から針を出し、アウトライン・ステッチの目が続くように、4に針を入れます。1周つながりました。

2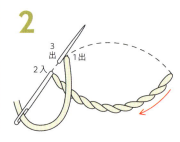
布を180度回転させ、1～3と刺し、4からはp.28の **2** のように刺し進みます。

3
2周めも同様に1周めと隙間があかないように刺します。

3
2周めも同様に布の向きをかえながら、1周めと隙間があかないように刺します。

4
最後は隙間を埋めるように2～3針刺します。

4
最後は隙間を埋めるように刺します。

Point フィリングとは「詰める」、「埋める」という意味です。「○○フィリング」は○○のステッチで埋めるということです。

アウトライン・ステッチの応用2

ウィップド アウトライン・ ステッチ
WHIPPED OUTLINE STITCH

巻きつけアウトライン・ステッチとも呼ばれます。先に刺したアウトライン・ステッチに別糸をゆるく巻きつけます。

1 アウトライン・ステッチを刺し、別糸で端の目の下から針を出します。

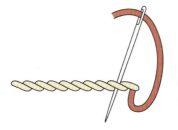

2 布をすくわないように、次の目を上からすくいます。

3 アウトライン・ステッチの1目ずつに糸をゆるく巻きつけます。

アウトライン・ステッチの応用3

スレッデッド アウトライン・ ステッチ
THREADED OUTLINE STITCH

アウトライン・ステッチの上下に別糸を通します。色をかえて刺すと効果的です。

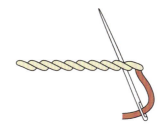

1 アウトライン・ステッチを刺し、別糸で端の目の下から針を出し、布をすくわないように、次の目を下からすくいます。

2 次の目は上からすくいます。

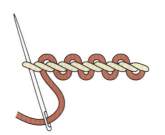

3 上下交互に糸をゆるく通すことを繰り返します。

刺しゅうのステッチの種類

コーチング
COUCHING

芯になる糸を、別糸で等間隔にとめます。とめる糸は芯糸より細い糸を使います。

1

芯糸を図案線に沿って刺します。とめる糸を針に通し、芯糸の下に隠れるように、1から針を出します。

2

芯糸と直角になるように、2に針を入れます。芯糸の下に隠れるように針を入れるときれいに仕上がります。

3

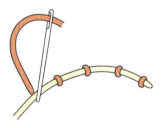

針目の長さがそろうように、等間隔にとめます。

Point カーブや角度がある輪郭線を刺すときは、芯糸の針を表に出し、図案線に沿わせて休めておき、最後に針を裏側に出すと糸がつれずにきれいに刺せます。

コーチドトレリス・ステッチ
COUCHED TRELLIS STITCH

糸を格子状に渡し、交点を別糸で横、または十字にとめます。バスケット模様にも使われるステッチです。

1

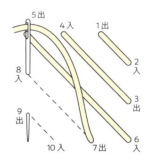

左斜めに等間隔に糸を渡します。上から下、下から上の順に裏側の渡り糸が短くなるように渡します。

2

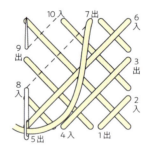

1と直角になるように右斜め、等間隔に糸を渡します。

3

別糸で交点を横にとめます。とめる針目の長さが同じになるようにします。

[十字にとめる場合]

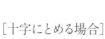
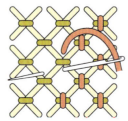

横を全部とめてから縦をとめます。

ルーマニアン・ステッチ
ROUMANIAN STITCH

オリエンタル・ステッチとも呼ばれます。長く渡した糸を斜めにとめます。斜めの針目の長さはデザインによってかわります。

ルーマニアン コーチング
ROUMANIAN COUCHING

図案の幅いっぱいに糸を1本渡し、斜めにとめながら戻ります。

1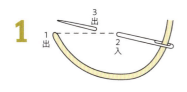
横に長く糸を渡し、中央より少し右側の上から針を出します。

1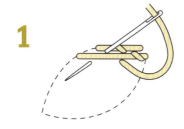
横に長く糸を渡し、中央を左斜めにとめます。1列めと平行になるように横に糸を長く渡し、左斜めにとめながら戻ります。

2
渡した糸を斜めにとめます。

2
1を繰り返します。

3
2列め以降は等間隔になるように横に糸を渡します。

3
最後は1列めと同様に渡した糸の中央を1か所とめます。

4
とめる糸の長さと角度をそろえましょう。

レイジー デイジー・ステッチ
LAZY DAISY STITCH

レジー デージー・ステッチ、レゼー デージー・ステッチとも呼ばれ、花や葉っぱを刺すときによく使われます。とめる糸の長さをかえることで、丸みを帯びた模様や先の尖った模様を刺すことができます。

Point ＊図案を写すときの注意
花びらの下から図案線が見えてしまうことがないように、刺し始めととめる頂点を直線で結び、印をつけます。

1
1から針を出し、1と同じ針穴2に入れ、布をすくうように3から出します。針に左から右に糸をかけます。

2
針を抜いて糸を引き、ループの大きさを決めます。糸を引きすぎるとループが縦長につれてしまうので注意。4に針を入れてとめます。

3
でき上がり。

4
花びらなどを刺すときは、ループの大きさが同じになるように刺しましょう。

Point 先端の尖った葉っぱなどは、とめる糸を少し長めに刺します。

レイジー デイジー・ステッチの応用
ダブル レイジー デイジー・ステッチ
DOUBLE LAZY DAISY STITCH

レイジー デイジー・ステッチの内側にひとまわり小さなレイジー デイジー・ステッチを刺します。内側のあいている部分を埋めるように刺します。

1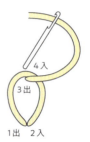
外側のレイジー デイジー・ステッチを刺します。

2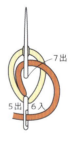
1の内側に、少し小さめにレイジー デイジー・ステッチを刺します。

3
でき上がり。

4
外側と内側の色をかえると、立体感のある花に仕上がります。

レイジー デイジー・ステッチの変形

ツイステッド レイジー デイジー・ステッチ
TWISTED LAZY DAISY STITCH

レイジー デイジー・ステッチの根元を交差させたステッチです。2の位置をかえるとバリエーションが増えます。

1
1から針を出し、少し間隔をあけて2に入れ、3から出します。糸の根元が交差するように右から左に糸をかけます。

2
糸の根元が交差しました。4に針を入れてとめます。

3
とめる糸を中心に配置すると、花しんのようになって動きのある花びらになります。

[バリエーション]

1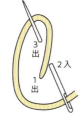
1から針を出し、右斜め上2に入れ、3から針を出します。糸の根元が交差するように右から左に糸をかけます。

2
交差した足の長さをかえると動きのあるデザインになります。

レイジー デイジー・ステッチの上からストレート・ステッチを刺す

レイジー デイジー・ステッチにストレート・ステッチを重ねることで、ふっくらとした立体感が出ます。

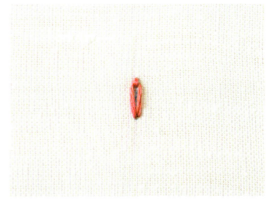
1 レイジー デイジー・ステッチを刺します。

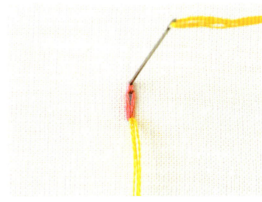
2 刺し始めと同じ針穴から針を出し、とめた糸の上にかぶせるようにストレート・ステッチを刺します。

3 糸の引き加減に気をつけて、ふっくらと立体感が出るようにします。

チェーン・ステッチ
CHAIN STITCH

レイジー デイジー・ステッチ(p.34)をつなげて、くさり状にします。根元が交差しないように糸を同じ向きにかけることがポイント。

1
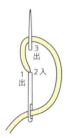

1から針を出し、1と同じ針穴2に入れて布をすくうように3から出します。針に糸をかけます。

2
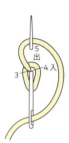

針を抜いて糸を引き、ループの大きさを決めます。糸を引きすぎるとループが縦長につれてしまうので注意。3と同じ針穴4に針を入れて5から出します。

3
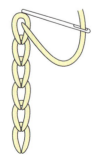

2を繰り返し、最後はチェーンの外側を小さな針目でとめます。

チェーン・ステッチの応用1

ウィップド チェーン・ステッチ
WHIPPED CHAIN STITCH

巻きつけチェーン・ステッチとも呼ばれます。先に刺したチェーン・ステッチに別糸をゆるく巻きつけます。色をかえて刺すと効果的です。

1
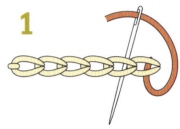

チェーン・ステッチを刺し、別糸で端の目の下から針を出し、布をすくわないように、次のループを上からすくいます。

2
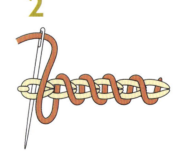

チェーン・ステッチを上から下にすくって糸を巻きつけます。

刺しゅうのステッチの種類

チェーン・ステッチの応用2

チェーン フィリング
CHAIN FILLING

チェーン・ステッチで輪郭線を1周刺し、外側から内側に向かって、渦巻きに刺し埋めます。

[円形を埋める場合]

1

図案の輪郭線に沿ってチェーン・ステッチで1周し、最後は刺し始めのループをすくい、チェーンを1つ作るように矢印のように針を入れます。

2

2周めも同様に隙間があかないように刺します。

3

最後は針を入れてとめます。

[角がある図案の場合]

右端まで刺したら、小さな針目でとめて一度裏に針を出します。もう一度最後のループから針を出し、向きをかえて一辺ずつとめながら内側に向かって刺し埋めます。

途中で糸が足りなくなったとき

チェーン・ステッチの途中で糸が足りなくなったときは、チェーンがつながるように刺しましょう。

1

ループを大きく広げたまま、裏側に針を入れます。

裏側

2

糸端を7cmくらい残して切ります。新しい糸を裏側の渡り糸に2〜3回からげて糸端を切ります。

3

表に返してループの中に針を出します。

4

裏側に残しておいた糸を引き、ループの大きさをそろえます。

5

続けて刺し進みます。残しておいた糸は最後に裏側で糸始末をします。

チェーン・ステッチの種類いろいろ

刺しゅうのステッチの種類

オープン
チェーン・ステッチ
OPEN CHAIN STITCH

チェーン・ステッチのループの根元を開く刺し方です。チェーン・ステッチに比べて四角い形になります。

1
1から針を出し、少し間隔をあけて2に入れ、1と同じ高さの3から出します。針に糸をかけます。

2
針を抜いて糸を引き、引きすぎに注意してループの大きさを決めます。

3
ループの内側の3の真下4に針を入れ、5から出し、糸をかけて引きます。

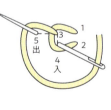

4
3を繰り返し、最後はチェーンの外側を小さな針目で2か所とめます。

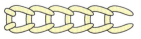

ブロークン
チェーン・ステッチ
BROKEN CHAIN STITCH

ループの外側に針を入れて刺すステッチです。チェーン・ステッチと比べてやわらかな感じに仕上がります。

1
1から針を出し、左斜め下2に入れ、1と同じ高さの3から出します。糸をかけて引きます。

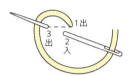

2
2と同じ高さの4に針を入れ、1、3と同じ高さの5から出し、糸をかけて引きます。

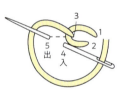

3
根元が1本だけつながったチェーンができました。最後は小さな針目でとめます。

ツイステッド
チェーン・ステッチ
TWISTED CHAIN STITCH

根元が交差したチェーン・ステッチです。動きのあるラインに仕上がります。

1

1から針を出し、左斜め上2に入れ、1と同じ高さの3から出します。針に糸をかけて引きます。

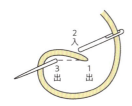

2

2と同じ高さの4に針を入れ、3と同じ高さの5から出し、針に糸をかけて引きます。

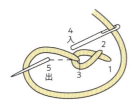

3

2を繰り返し、最後はチェーンの外側を小さな針目でとめます。

ケーブル
チェーン・ステッチ
CAIBLE CHAIN STITCH

針に糸をひと巻きしてから布をすくうことで、リングがつながっているように見えるチェーンができます。

1

1から針を出し、針に1回糸を巻きつけ、2、3とすくい、針に糸をかけて引きます。

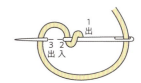

2

ループの大きさを決めます。針に1回糸を巻きつけ、4、5とすくい、糸をかけて引きます。

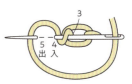

3

2を繰り返してチェーンを作り、最後はチェーンの外側を小さな針目でとめます。

フレンチ ノット
FRENCH KNOT

針に糸を巻きつけて小さな結びを作る刺し方です。
巻きつけ方のきつさ、ゆるさ、回数によって大きさがかわります。

刺しゅうのステッチの種類

［1回巻き］

［2回巻き］

1  1から針を出し、針先に1回糸を巻きつけます。

1  1から針を出し、針先に2回糸を巻きつけます。

2 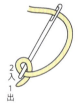 巻きつけた糸がほどけないように1のきわ2に針をまっすぐに立てて入れます。

2  巻きつけた糸がほどけないように1のきわ2に針をまっすぐに立てて入れます。

3 巻きつけた糸が途中でとじてコブにならないように気をつけながら、糸を引きます。

3 巻きつけた糸が途中でとじてコブにならないように気をつけながら、糸を引きます。

4 1回巻きのノットができ上がり。

4 2回巻きのノットができ上がり。

指を使って巻く刺し方（2回巻きの場合）

刺しゅう枠を机に置き、両手を使って刺すと、失敗しないでかんたんに刺せます。

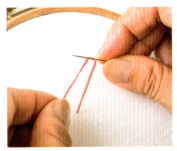

1 刺しゅう枠を机に置き、左手で針に2回糸を巻きつけます。

2 糸を出したきわに針を入れます。

3 左手で糸を引いたまま針をまっすぐに立てます。

4 ゆっくりと下から針を引きます。

5 輪が小さくなったら、左手を糸から離して糸を引きます。

6 2回巻きのノットができ上がり。

糸の本数をかえると大きさがかわる（2回巻きの場合 実物大）

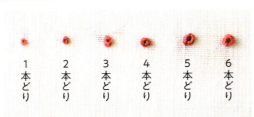

同じ回数で刺しても、糸の本数をかえることでノットの大きさもかわります。

1本どり　2本どり　3本どり　4本どり　5本どり　6本どり

フレンチノットの応用

フレンチ ノット フィリング
FRENCH KNOT FILLING

図案の線の外側から、内側に向かってフレンチノットで刺し埋めます。図案によって1回巻き、2回巻きを使い分けましょう。

1 図案の輪郭線に沿ってフレンチノットで1周します。

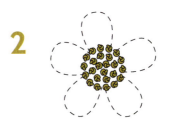

2 輪郭線を刺してから、内側に向かってフレンチノットで刺し埋めます。

ノットの種類いろいろ

ジャーマン ノット
GERMAN KNOT

ストレート・ステッチの下から糸を出して糸だけを2回すくって作るノットです。

1
ストレート・ステッチ(p.22)を刺し、3から針を出します。

2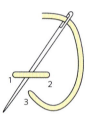
布をすくわないように、1を上からすくいます。

3
もう一度すくい、針に通った糸の輪の手前を通るようにします。

4
4に針を入れます。

ケーブル・ステッチ
CABLE STITCH

マクラメ・ステッチとも呼ばれます。ジャーマン ノットをつなげて刺したステッチで、輪郭線などに使います。

1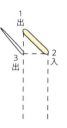
左斜めにストレート・ステッチ(p.22)を刺し、2と同じ高さの3から針を出します。

2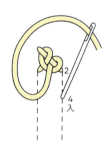
ジャーマン ノットの2、3の要領で刺し、2の真下4に針を入れます。

3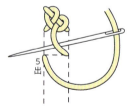
5から針を出し、1、2を繰り返します。

4
最後は小さな針目でとめます。

刺しゅうのステッチの種類

コーラル・ステッチ
CORAL STITCH

シングルノット・ステッチとも呼ばれます。等間隔に結びができるステッチです。

1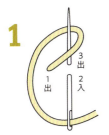

右方向に刺し進みます。1から針を出し、小さな針目で2、3と布をすくって針に右から左に糸をかけます。

2

針を抜いて進行方向にゆっくりと糸を引きます。糸がたるまないようにしましょう。

3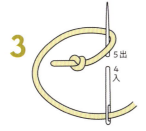

4、5と小さな針目で布をすくって針に糸をかけ、進行方向に糸を引きます。

4

ノットが等間隔になるようにしましょう。

> **ノットを刺すときのコツ**

結びが連続するケーブル・ステッチやコーラル・ステッチは、角度や間隔がそろうように刺しましょう。ノットの大きさを均一にすることも重要です。糸の引き加減にも気をつけましょう。

［角度をそろえる］

［等間隔に刺す］

43

バリオン・ステッチ
BULLION STITCH

針にくるくると糸を巻きつけて、糸がゆるまないように針を抜くと、コイルのような形になります。

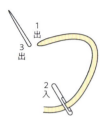

1 1から針を出し、2に入れて布をすくって3から出します。

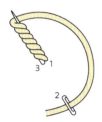

2 2、3より少し長めに、針に糸を同じ強さでゆるく巻きつけます。

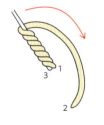

3 巻いた糸がゆるまないように指で押さえながらゆっくり針を抜き、矢印のように手前にまわして倒します。

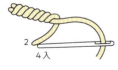

4 糸がたるまないように引きしめ、2と同じ針穴4に針を入れて裏側に出します。

5 でき上がり。

バリオン・ステッチの応用1

バリオン ローズ・ステッチ
BULLION ROSE STITCH

バリオン・ステッチを並べて薔薇を作ります。花の中心から外側に向かって刺します。

1 図案の中心にバリオン・ステッチを三角形に刺します。

2 1の三角形の角に配置するように3か所刺します。

3 三角形の位置をずらしながら刺します。

Point 図案線より多めに糸を巻くと、丸みを帯びた花を表現できます。

刺しゅうのステッチの種類

バリオン・ステッチの応用 2

バリオン チェーン・ステッチ
BULLION CHAIN STITCH

バリオン デイジー・ステッチとも呼ばれます。バリオン ノットの輪を作り、レイジー デイジー・ステッチの要領で輪をとめます。

1 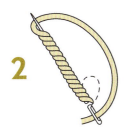 1から針を出し、1と同じ針穴 2 に針を入れ、小さな針目で布をすくって 3 から出します。

2 少し長めに針に糸を巻きつけ、バリオン・ステッチ **3** の要領で糸を引きます。

3  糸がたるまないように引きしめ、2と同じ針穴 4 に針を入れます。

4  レイジー デイジー・ステッチ (p.34) **2** の要領でとめます。

バリオン・ステッチの応用 3

バリオン ノット
BULLION KNOT

バリオン・ステッチの要領でノットを作ります。

1  1から針を出し、同じ針穴 2 に入れ、小さな針目で布をすくって 3 から出します。

2  針に糸を同じ強さでゆるく巻きつけ、巻いた糸がゆるまないように指で押さえながらゆっくり針を抜きます。

3 糸がたるまないように引きしめ、2と同じ針穴 4 に針を入れます。

4 ゆるめに巻きつけることでふっくらとしたノットに仕上がります。

サテン・ステッチ
SATIN STITCH

図案の幅いっぱいに糸を渡して刺し埋めます。糸によりがかからないように気をつけて常に平行に渡しましょう。

1 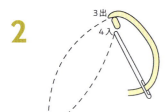 1から針を出し、右斜め下2に入れます。

2 1のきわ3から針を出し、1と平行になるように4に入れます。

3 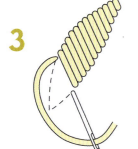 2を繰り返し、最後は図案の角に針を入れます。

刺しゅうのステッチの種類

芯入りサテン・ステッチの刺し方

ふっくらと立体的な図案を表現するときに、バック・ステッチ（p.26）やランニング・ステッチ（p.22）の上にサテン・ステッチを刺して盛り上げるテクニックです。

1 図案の輪郭線に沿ってバック・ステッチを刺します。

2 バック・ステッチの外側に針を出し入れしてサテン・ステッチを刺します。

3 ふっくらとしたサテン・ステッチのでき上がり。

図案の形別刺し方ワンポイント

サテン・ステッチは図案の形によって刺し進む方向をかえましょう。
※半分刺したあとの裏側の糸の渡し方はp.49参照

[円形を刺す]

1 円の上（または右）方向に刺し進みます。

2 刺し終わったら刺し始めに戻り、下（または左）方向に刺します。

[花びらを刺す]

1 中央から右方向に刺し進みます。

2 刺し終わったら刺し始めに戻り、左方向に刺します。

[葉っぱを刺す]

1 左側の上から下方向に斜めに刺し進みます。

2 刺し終わったら刺し始めに戻り、右側も同様に下方向に斜めに刺します。

ロング アンド ショート・ステッチ
LONG AND SHORT STITCH

図案の外側から長い針足と短い針足で刺し始めます。2列めは1列めの糸の隙間を埋めるように刺すときれいに仕上がります。

刺しゅうのステッチの種類

[長短それぞれの長さが同じ場合]

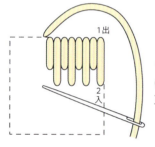

1 1から針を出して2に入れます。長短交互に刺します。

2 2列め。1の隙間を埋めるように刺します。

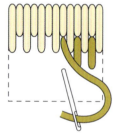

3 3列め。2の隙間を埋めるように刺します。

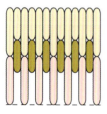

4 4列め。3の隙間を埋めるように刺します。

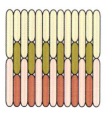

[花びらなど丸みを帯びた図案を刺す場合]

1 中央から糸の長さをランダムにして、右方向に刺し進みます。刺し終わったら、刺し始めに戻り、左側も同様に左方向に刺し進みます。

Point 刺し始めに戻るときは、裏に渡った糸と布の間に針をくぐらせるときれいです。

2 2列め。1の隙間を埋めるように糸の長さをランダムにして刺します。図案の根元の方向に向かって刺します。

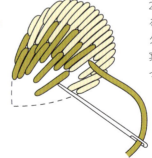

3 3列め。2の隙間を埋めるように刺します。

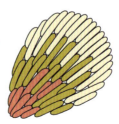

裏もきれいに刺すワンポイント

裏側の渡り糸が長いと引っかかるうえに、見た目も美しくありません。
半分刺し終わったら、裏に渡った糸と布の間に針をくぐらせて戻ります。
サテン・ステッチ(p.46)を刺すときも同様です。

[半分刺したときの裏側の糸の渡し方]

1 1列めは中央から右方向に刺します。

裏側

2 布を裏返し、渡り糸をすくって刺し始めに戻ります。

3 表に返し、刺し始めのきわに針を出し、左方向に刺します。

4 2列めは右端から左方向に刺し進みます。

5 2列めが刺せました。

6 3列めは隙間を埋めるように刺します。

フライ・ステッチ
FLY STITCH

針目に糸をかけるようにとめて、Y字やV字を作ります。

1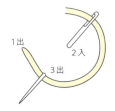

1から針を出し、三角形を描くように2に入れ、3から出します。

2

3の針を抜いて糸を引き、4に入れます。

3

2で針を入れるとき、長めに刺すとY字形に、短くとめるとV字形になります。

フライ・ステッチの応用
連続して刺す フライ・ステッチ

図案の形にフライ・ステッチを並べて刺します。図案によって間隔を広くしたり、狭くしたりします。

1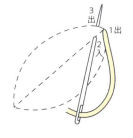

刺し始めは図案の中央線にストレート・ステッチ(p.22)を刺し、輪郭線上3から針を出します。

2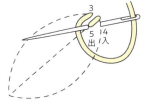

反対側の輪郭線上4に針を入れ、2のきわ5から針を出し、糸をかけます。

3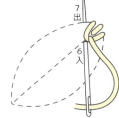

6に針を入れて小さな針目でとめ、反対側の輪郭線上7に出します。

4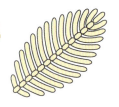

2、3を繰り返します。

[同じ幅に連続に刺す場合]

フェザー・ステッチ
FEATHER STITCH

鳥の羽のような形のステッチで、フライ・ステッチを左右交互につなげて刺します。

1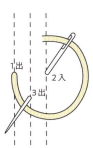
1から針を出し、フライ・ステッチの要領で2、3とすくって針先に糸をかけて糸を引きます。

2
3と同じ高さの4に針を入れ、1の真下5から出します。

3
1、2を繰り返し、最後は小さな針目でとめます。

フェザー・ステッチの応用

ダブルフェザー・ステッチ
DOUBLE FEATHER STITCH

フェザー・ステッチを同じ方向に最初だけ3回、次からは2回ずつ左右交互に刺します。

1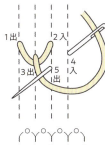
フェザー・ステッチを刺し、5から針を出して針先に糸をかけて糸を引きます。

2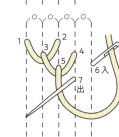
5と同じ高さの6に針を入れ、4の真下7から出して糸をかけます。

3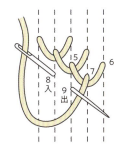
7と同じ高さの8に針を入れ、5の真下9から出します。

4
2、3を繰り返し、最後は小さな針目でとめます。

ファーン・ステッチ
FERN STITCH

幅のある茎などに使われるステッチです。上から下方向に刺し進みます。

1  1から針を出し、2に入れ、1と同じ針穴3から出します。

2 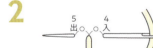 2と同じ高さの4に針を入れ、5から出します。

3 1、3と同じ針穴6に針を入れます。

4 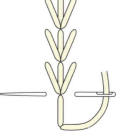 1〜3を繰り返します。

クレタン・ステッチ
CRETAN STITCH

フェザー・ステッチ2の要領で針足を調節しながら刺します。間隔を詰めて刺すとクローズド クレタン・ステッチになります。

1 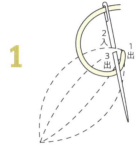 1から針を出し、フェザー・ステッチ(p.51) **2**の要領で2、3と布をすくって針先に糸をかけて引きます。

2 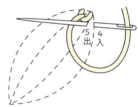 図案の輪郭線に沿って1、2と同じ幅になるように右側4、5と布をすくって針先に糸をかけて引きます。

3 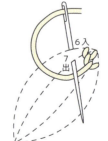 左側の輪郭線に6、7と布をすくって針先に糸をかけて引きます。

4 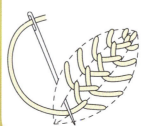 図案の輪郭線に沿って針目の長さをかえながら、左右交互にフェザー・ステッチを刺し、最後は小さな針目でとめます。

刺しゅうのステッチの種類

フィッシュボーン・ステッチ
FISHBONE STITCH

刺し始めだけ小さなストレート・ステッチを刺し、中央で少し重ねます。魚の骨のような形で、葉っぱを刺し埋めるときによく使われます。

1 1から針を出し、ストレート・ステッチ(p.22)を刺します。

2  図案の輪郭線に沿って3から針を出し、中央線を挟んで4、5と布をすくいます。

3 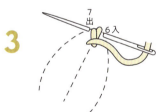 右側の輪郭線上6に針を入れ、左側7に出します。

4  中央線を挟んで8、9と布をすくいます。

5  中央線で少し重ねるようにしながら、左右交互に輪郭線に沿って刺します。

リーフ・ステッチ
LEAF STITCH

フィッシュボーン・ステッチと同じようなでき上がりですが、針運びが異なります。

Point リーフ・ステッチは下から上方向に刺すこともあります。

1 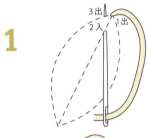 1から針を出し、2に入れてストレート・ステッチ(p.22)を刺し、輪郭線に沿って3から出します。

2 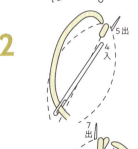 図案の中央線の右側に4、5と布をすくいます。

3  中央線の左側に6、7と布をすくいます。

4 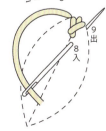 中央線の右側に8、9と布をすくいます。

5  中央線を挟んで重ねるように左右交互に刺します。

刺しゅうのステッチの種類

ヘリングボーン・ステッチ
HERRINGBONE STITCH

上下に小さな交差ができるように等間隔に刺します。和裁の千鳥がけと同じ刺し方です。

ヘリングボーン・ステッチの応用

クローズド ヘリングボーン・ステッチ
CLOSED HERRINGBONE STITCH

間隔を詰めたヘリングボーン・ステッチです。カーブや図案の中を刺し埋める場合は、ステッチがゆるまないように気をつけましょう。

1 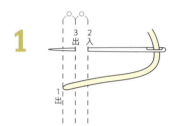 左下1から針を出し、右斜め上をひと針すくいます。

1 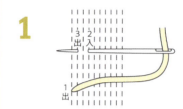 左下1から針を出し、右斜め上をひと針すくいます。

2 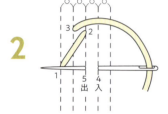 1の針目の角度と対称になるように右下をひと針すくいます。1と交差します。

2 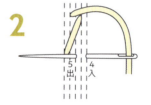 1の針目の角度と対称になるように右下をひと針すくいます。

3 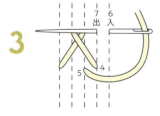 等間隔になるように右上をひと針すくいます。2と交差します。

3 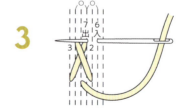 1と交差します。等間隔になるように6に針を入れ、2と同じ針穴7に出します。

4  2、3を繰り返し、上下で交差させながら刺します。

4  同じ要領で先に刺した目と同じ針穴に入れながら、間隔を詰めてヘリングボーン・ステッチを刺します。

ボタンホール・ステッチ
BUTTONHOLE STITCH

ブランケット・ステッチとも呼ばれます。縁取りに使われることも多く、刺しやすい向きに布を回転させて等間隔に刺し進みます。

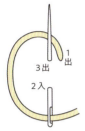

1 1から針を出し、下から2、3と布をすくい、針に糸をかけて上に引きます。

2 等間隔に4、5と布をすくい、針に糸をかけて引きます。

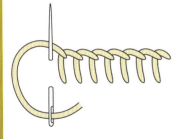

3 2を繰り返します。

4 最後に針を入れてとめます。

Point ボタンホール・ステッチは、クローズド ボタンホール・ステッチに対して、オープン ボタンホール・ステッチと表記される場合もあります。

ボタンホール・ステッチの応用1
クローズド ボタンホール・ステッチ
CLOSED BUTTONHOLE STITCH

ボタンホール・ステッチと刺し方は同じで、布目が見えないように間隔を詰めて刺します。

1 ボタンホール・ステッチを刺します。

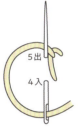

2 1と隙間があかないように、間隔を詰めて4、5と布をすくい、針に糸をかけて引きます。

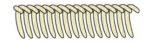

3 2を繰り返し、布目が見えないように間隔を詰めて刺し、最後に針を入れてとめます。

ボタンホール・ステッチの応用2
オープン ボタンホール フィリング
OPEN BUTTONHOLE FILLING

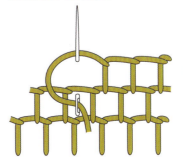

図案線の中をボタンホール・ステッチで刺し埋めます。2列めから針目が交互になるように刺します。

> バスケット・ステッチの種類いろいろ

バスケット・ステッチA
BASKET STITCH A

サーフィス ダーニング・ステッチとも呼ばれます。織物のように縦に渡した糸を、横糸ですくいます。

1 縦に隙間なく糸を渡します。裏側の渡り糸が短くなるように、下から上に渡したら、次の列は上から下へと交互に渡します。

2 別糸を通した針を1から出し、1本おきに縦糸をすくい、左端で裏側に入れます。拾いにくいときは針穴側からすくいましょう。

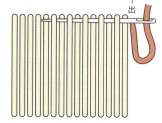

3 2列めは180度回転させ、3から針を出して1列めと交互になるように1本おきに縦糸をすくい、端まで通したら裏側に針を入れます。**2**、**3**を繰り返します。

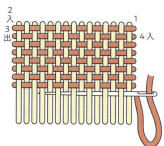

バスケット・ステッチB
BASKET STITCH B

縦と横に2本ずつ糸を渡し、縦糸だけをすくって糸を渡します。

1 縦、横の順に2本ずつ糸を渡します。裏側の渡り糸が短くなるように、上から下に渡したら、次の列は下から上に、右から左に渡したら、次の列は左から右へ交互に渡します。

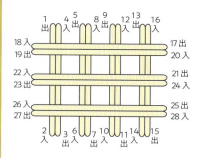

2 別糸を通した針を**25**のきわの**1**から出します。横糸の上、縦糸の下を交互にくぐらせ、右斜めに糸を渡します。

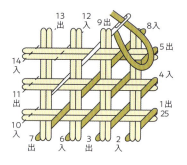

3 別糸を通した針を横糸の上、縦糸の下を交互に左斜めに糸を渡します。

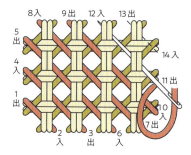

刺しゅうのステッチの種類

バスケット・ステッチ C
BASKET STITCH C

縦、横を交互に刺しながら市松模様を作ります。

1
縦に隙間なく糸を4本刺します。同じ長さになるように9から針を出し、10に入れます。

2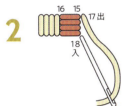
横に4本糸を刺したら、隙間があかないように縦に4本糸を刺します。

3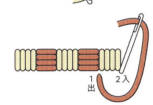
縦、横4本ずつ刺したら、2列めを刺しますが、1列めと縦、横の向きが逆になるように刺します。

4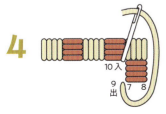
右から左に向かって横、縦の順に4本ずつ刺して戻ります。

5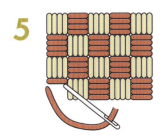
縦、横交互に隙間があかないように面積いっぱいに往復に刺します。

バスケット・ステッチ D
BASKET STITCH D

横と右斜めに糸を渡し、左斜めは織物のように糸だけをすくいます。

1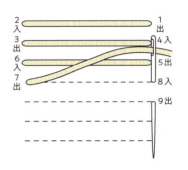
裏側の渡り糸が短くなるように、右から左に渡したら、左から右と交互に渡します。

2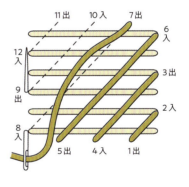
別糸を通した針を1から出し、右斜めに糸を渡します。裏側の渡り糸が短くなるように、下から上に渡したら、次の列は上から下に糸を渡します。

3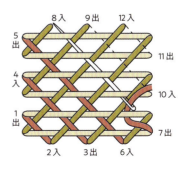
別糸を通した針を1から出します。右斜めの糸の上、横糸の下をくぐらせて左斜めに糸を渡します。

リブド スパイダー ウェブ・ステッチ
RIBBED SPIDER WEB STITCH

フィール・ステッチとも呼ばれます。蜘蛛の巣のような形になります。

1 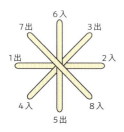 ストレート・ステッチ(p.22)を刺します。

2 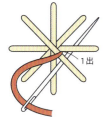 中心のきわの1から針を出し、1本戻って2本すくいます。

3  1本めに糸が巻きつきました。同じ要領で2本ずつすくいます。

4  糸の引き加減が同じになるように気をつけながら、隙間なく巻きつけ、最後に1で刺した糸の下に隠れるよう2に針を入れます。

Point 隙間があかないようにときどき針先で糸を内側に寄せながら刺しましょう。

スパイダー ウェブ ローズ・ステッチ
SPIDER WEB ROSE STITCH

放射状に渡した奇数の糸を1本おきにすくいます。薔薇の花のような形になります。

1 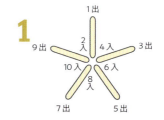 放射状にストレート・ステッチ(p.22)を刺します。ベースをフライ・ステッチ(p.50)で刺すこともあります。

2 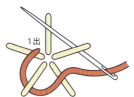 中心のきわの1から針を出し、1で刺した糸を1本おきにすくいます。

3  糸の引き加減が同じになるように気をつけながら、隙間なく通し、最後に1で刺した糸の下に隠れるよう2に針を入れます。

Point 糸を通しにくいときは、針穴側からすくうと糸を割らずに通せます。

刺しゅうのワンポイント図案

さまざまな用途に使える実物大のワンポイント刺しゅう。色をかえたり、組みあわせてみたり、好きな大きさに拡大したり、アレンジも楽しめます。

ラインアート
バック・ステッチで楽しくひと筆書き

デザイン／ダイラクサトミ

刺しゅうのワンポイント図案

・糸はDMC25番刺しゅう糸310 1本どりでバック・S

植物刺しゅう

ミニ額やブックマークにぴったりの小さな刺しゅう

デザイン／マカベアリス

刺しゅうのワンポイント図案

野の花
やわらかな色彩の花を集めて

デザイン／オノエ・メグミ

刺しゅうのワンポイント図案

・糸はDMC25番刺しゅう糸
　指定以外は3本どり
・ステッチは指定以外ロングアンドショート・S
・O＝アウトライン・S
・S＝サテン・S
・F＝フレンチノット（1回巻き）

フラワーガーデン
庭に咲く可憐な花をモチーフに

デザイン／オノエ・メグミ

刺しゅうのワンポイント図案

薔薇

香り漂うような薔薇の花に包まれて

デザイン／笹尾多恵

モノトーンの花
爽やかなブルーの濃淡で一色刺しゅう

デザイン／オノエ・メグミ

刺しゅうのワンポイント図案

70

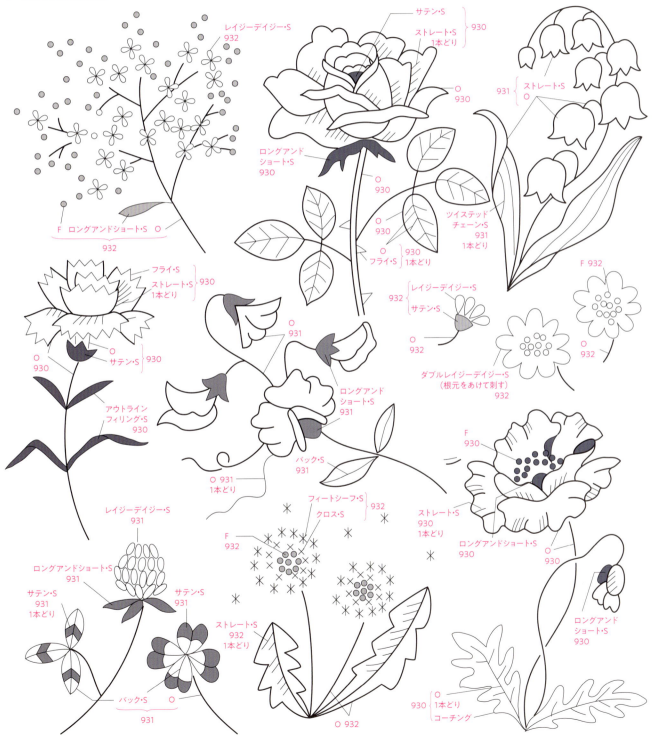

日常のアイテム
お気に入りの小物を刺しゅうにデザイン

デザイン／マカベアリス

刺しゅうのワンポイント図案

ねこ
しぐさのかわいいねこいろいろ

デザイン／くまだまり

刺しゅうのワンポイント図案

74

いぬ
お散歩グッズにワンポイント刺しゅう

デザイン／くまだまり

刺しゅうのワンポイント図案

恐竜ワールド
色鮮やかな恐竜たちが勢ぞろい

デザイン／くまだまり

刺しゅうのワンポイント図案

動物いろいろ
絵本の世界のかわいい動物たち

デザイン／こむらたのりこ

刺しゅうのワンポイント図案

乗り物
飛行機、気球、カヤック…いつか乗ってみたい乗り物

デザイン／こむらたのりこ

刺しゅうのワンポイント図案

スイーツ
子ねずみたちの大好きなスイーツ

デザイン／こむらたのりこ

刺しゅうのワンポイント図案

文字
違う種類の模様のステッチを組みあわせて

デザイン／マカベアリス
刺し方／p.88・89

刺しゅうのワンポイント図案

刺しゅうのワンポイント図案

- 糸はDMC25番刺しゅう糸　指定以外は2本どり
- ステッチは指定以外アウトライン・S
- F=フレンチノット（2回巻き）
- WC=ウィップドチェーン・S（3本どりに2本どりを巻きつける）
- ★=レイジーデイジー・Sの上からストレート・Sを刺す

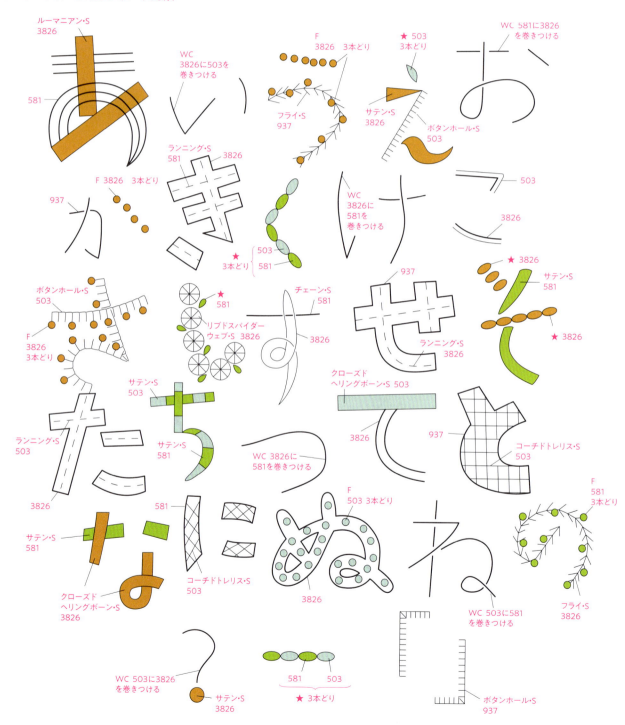

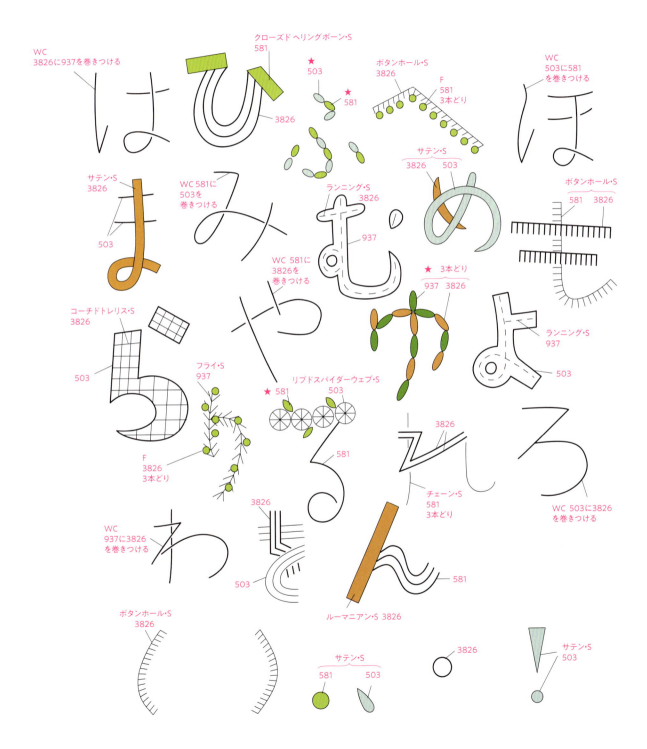

アルファベット
アレンジも楽しめるイニシャル刺しゅう

デザイン／マカベアリス
刺し方／p.92・93

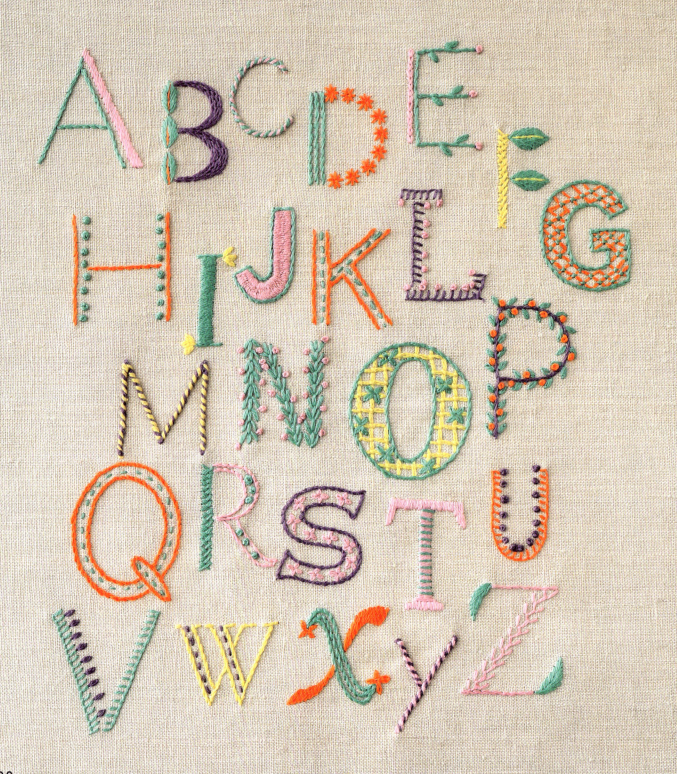

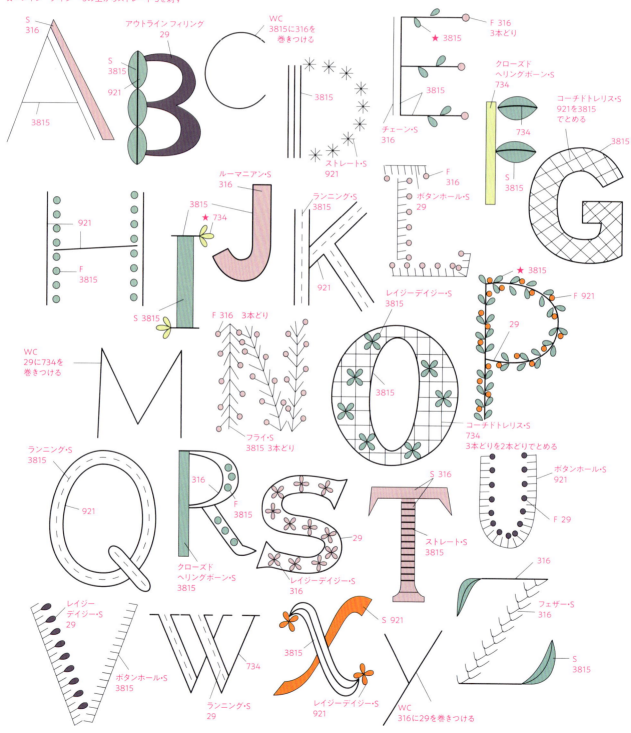

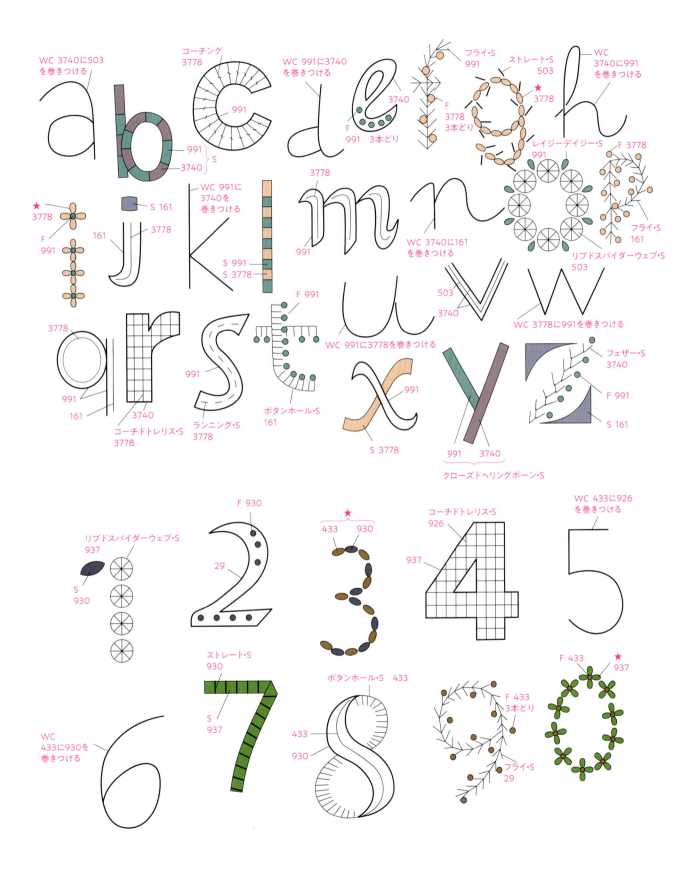

クリスマス
メッセージカードやオーナメントに

デザイン／朝山制子

刺しゅうのワンポイント図案

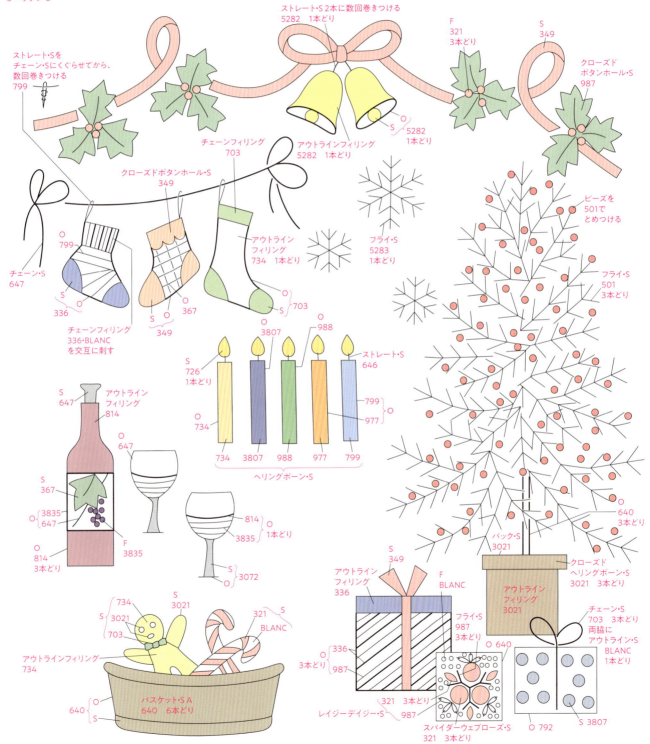

北欧のモチーフ
布目をカウントできるクロス・ステッチ用の布を使って

デザイン／朝山制子
刺し方／p.98・99

刺しゅうのワンポイント図案

連続模様
バッグやポーチの縁まわりに好きな長さで刺しゅう

デザイン／朝山制子
刺し方／p.100

刺しゅうのワンポイント図案

・糸はDMC25番刺しゅう糸
・ステッチは指定以外バック・S

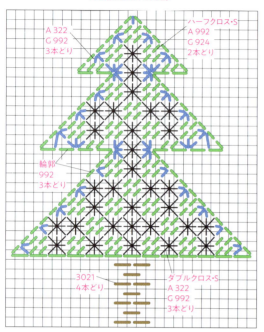

A・G（指定以外は共通）

A 322
G 992
3本どり

ハーフクロス・S
A 992
G 924
2本どり

輪郭
992
3本どり

3021
4本どり

ダブルクロス・S
A 322
G 992
3本どり

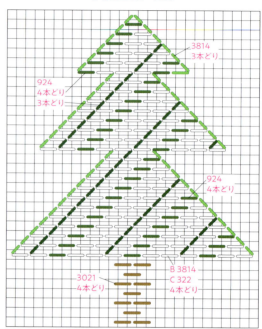

B・C（指定以外は共通）

3814
3本どり

924
4本どり
3本どり

924
4本どり

3021
4本どり

B 3814
C 322
4本どり

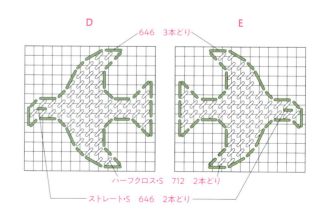

D　　　　　　E

646　3本どり

ハーフクロス・S　712　2本どり
ストレート・S　646　2本どり

98

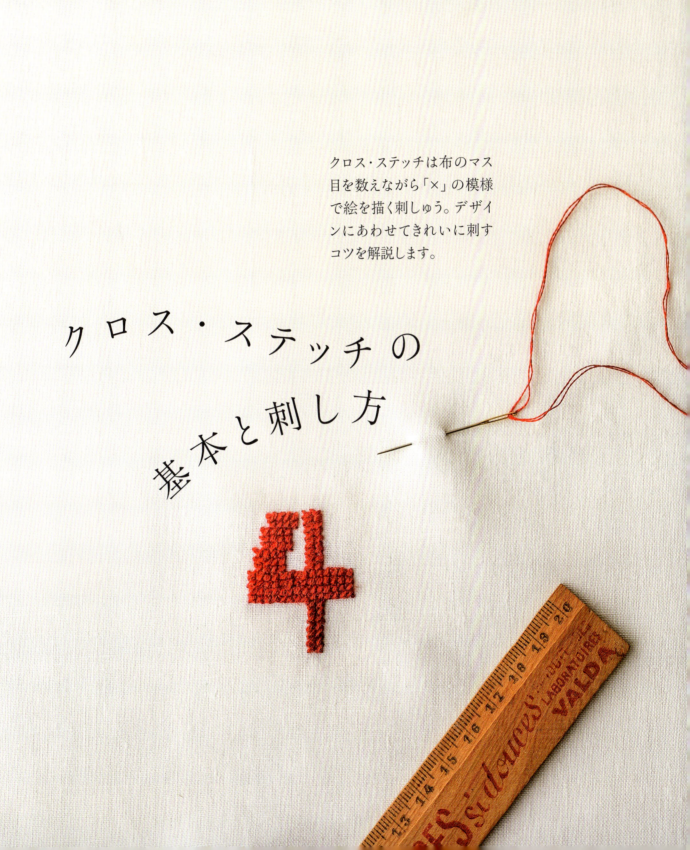

クロス・ステッチは布のマス目を数えながら「×」の模様で絵を描く刺しゅう。デザインにあわせてきれいに刺すコツを解説します。

クロス・ステッチの基本と刺し方

クロス・ステッチの基礎

クロス・ステッチは布に図案を写さず、布のマス目を数えながら刺します。図案を見ながら「×」の形に糸を渡します。糸の向きを常に同じにすることがきれいに仕上げる一番のポイントです。また、つれたり、たるんだりしないように糸の引き加減にも気をつけましょう。刺すときは刺しゅう枠を使って下さい。この本では25番刺しゅう糸を使っていますが、太めの5番糸や毛糸を使うと違った風合いが楽しめます。

クロス・ステッチの基本と刺し方

針について

クロスステッチ針は先端が丸く、糸が通しやすい大きな針穴が特徴です。フランス刺しゅう針と同様に、針の長さは数字の小さい方が太くて長く、大きくなるほど細く短くなります。

クロスステッチ針

クロスステッチ針

NO.19　20　21　22　23

実物大

針の違い

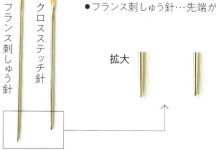

実物大　フランス刺しゅう針　クロスステッチ針　拡大

- クロスステッチ針…先端が丸く目を拾いやすい
- フランス刺しゅう針…先端が尖っている

使用針の目安

針の番号	25番刺しゅう糸	布の種類
NO.19	6本以上	ジャバクロス（粗目・中目）
NO.20	6本	ジャバクロス（中目）
NO.21	5～6本	ジャバクロス（細目）
NO.22	3～5本	アイーダ11・14カウント
NO.23	2～3本	アイーダ18カウント・コングレス

※針の番号はクロバー社の表記
※5番刺しゅう糸の場合は19～20番が刺しやすいでしょう。

布について

クロス・ステッチは麻や綿素材の布が刺しやすく、縦糸と横糸が等間隔で織られた目数の数えやすい布を選びましょう。マス目を数えやすいジャバクロスやアイーダがビギナーの方にもおすすめです。布に表記されているカウントの数字や目数を参考に、図案の大きさにあわせます。図案の種類や布目の大きさによって布目1本ずつに1目、目の細かい布は2本×2本に1目など刺し方を使い分けます。手芸店で手に入れやすい布を紹介します。

布の種類（実物大）

ジャバクロス（中目）9カウント（約35目×35目）

ジャバクロス（細目）11カウント（約45目×45目）

ジャバクロス16カウント（約65目×65目）

アイーダ11カウント（約40目×40目）

アイーダ14カウント（約55目×55目）

アイーダ18カウント（約70目×70目）

インディアンクロス13カウント（約52目×52目）

コングレス18カウント（綿）（約70目×70目）

コングレス18カウント（麻）（約70目×70目）

＊カウントとは？

※カウント（ct）という表記は布の織り目の大きさを表す単位で、1インチ（約2.54cm）に何目入っているかを表しています。

例えば、14カウント（55目×55目）とは1インチに14目、10cm四方に縦横共に55目あることを意味します。数字が大きくなるほど布目が細かくなります。

布をかえると刺しゅうの大きさがかわる

同じ図案でも布の違いで刺しゅうの大きさがかわります。
目の粗いジャバクロス（中目）、アイーダ11カウント、14カウント、18カウントに同じ図案を刺すとはっきりわかります。

デザイン／ダイラクサトミ

実物大
ジャバクロス（中目）（約35目×35目）6本どり

実物大
アイーダ11カウント（約40目×40目）4本どり

実物大
アイーダ14カウント（約55目×55目）3本どり

実物大
アイーダ18カウント（約70目×70目）2本どり

図案の見方

図案ページは方眼に色や記号で指定の色が記載されています。1マスがクロス・ステッチの「×」を表します。布の指定がある場合は同じカウントの布を選びましょう。

・糸はDMC25番刺しゅう糸
・ステッチは指定以外クロス・ステッチ 2本どり　｝凡例

ホルベイン・S
3041
1本どり

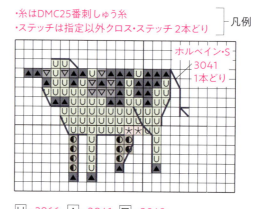

U =3866　▲=3041　▽=3042
◐=950　✳=818

抜きキャンバスとマジックペーパー

布目が数えられない布や濃い色の布に刺したいときは、抜きキャンバスやマジックペーパー（マス目の入った水に溶けるシート）が便利です。

抜きキャンバス

等間隔にブルーのガイドラインが入っています。図案より少し大きめに切り、布の上にしつけをかけて固定します。抜きキャンバスの織り糸を数えながら刺し、刺し終わったらしつけ糸をほどきます。霧吹きで軽く抜きキャンバスを湿らせてから抜きキャンバスの縦糸と横糸をそっと抜きます。

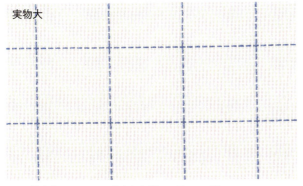

実物大
DMC抜きキャンバス25カウント（約100目×100目）

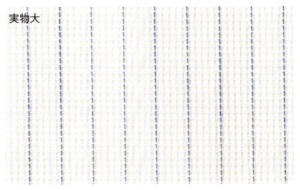

実物大
DMC抜きキャンバス14カウント（約55目×55目）

マジックペーパー

水洗いできる布であればマジックペーパーが便利です。布に貼りつけて刺し、刺し終わったら水、またはお湯につけてシートを溶かします。無地とガイド入りの2タイプがあり、無地タイプは図案の上にのせて水性チャコペンで直接図案を写したり、オリジナルデザインを描いて布に貼って使えます。

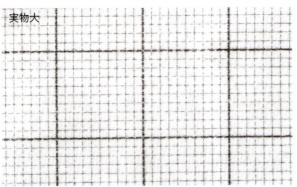

実物大

ガイド入りタイプ

無地タイプ

マジックペーパーの使い方

デザイン／植松倫子

1 図案より少し大きめに切り、布に貼りつけて刺しゅうをします。

2 水、またはお湯につけます。

3 マジックペーパーが完全に溶けるまで待ちます。

4 完全に溶けたら布をすすいでから乾かします。アイロンをかけて仕上げます。

クロス・ステッチ CROSS STITCH

布のマス目を数えながら「×」の形に糸を渡したステッチのことで、交差する向きが常に同じ方向の糸が上になるように刺します。クロス・ステッチは、往復で刺したり、1つずつ完成させて刺し進めたり、左右、上下、斜め向きなどさまざまな刺し方があります。図案にあわせて選びましょう。
例えば広い面積を刺す場合、1目ずつ刺すと往復で刺すより裏側の渡り糸が多くなるため、必要な糸量が増えます。材料がパックになったキットを使うときなどは、足りなくならないように気をつけましょう。

クロス・ステッチの刺し方

[基本の刺し方A]

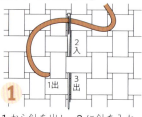
1
1から針を出し、2に針を入れ、2の真下3から針を出します。

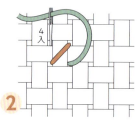
2
4に針を入れます。

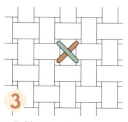
3
1目刺せました。

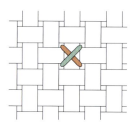
刺しやすければ右斜めが上でもOK。常に同じ向きの糸が上になるようにしましょう。

[基本の刺し方B]

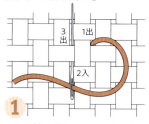
1
1から針を出し、2に針を入れ、2の真上3から針を出します。

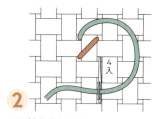
2
4に針を入れます。

3
1目刺せました。

刺し始めと刺し終わり

刺し始めの糸始末は糸端をくるみながら始末する方法、刺し終わりと同様にあとから渡り糸にくぐらせて始末する方法など、いくつかあります。2本どり以上の場合はp.19で紹介したループメソッドで刺し始めてもよいでしょう。

[糸端をくるみながら始末する方法]

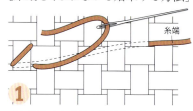
1
少し離れたところから針を入れ、3cmくらい糸を残して刺し始めの位置に針を出します。裏側に渡った糸をくるみながら刺し進みます。

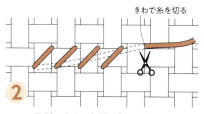
2
3〜4目刺したら、糸端を切ります。

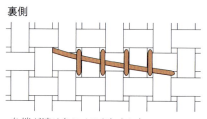
裏側
糸端が渡り糸にくるまれました。

横に往復する刺し方
先に下になる目を連続で刺し、あとから上になる目を刺します。広い面積を埋めやすい方法です。

[上に刺し進める方法]

下から上方向に刺し進みます。先に右斜めの1列を、あとから左斜めを往復に刺します。
左方向に刺し進むと、2列め以降の裏側の渡り糸がすべて縦にそろい、きれいに仕上がります。

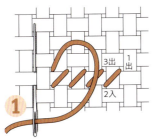 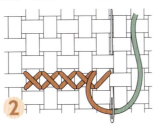 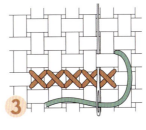 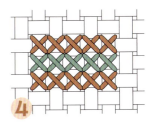

① 1から針を出し、2に針を入れ、「×」の下側を1列刺します。
② ①の上側を刺しながら右方向に戻ります。
③ 同様に2列めを刺します。
④ 常に同じ方向の糸が上になるように刺します。

[下に刺し進める方法]

上から下方向に刺し進みます。先に右斜めの1列、あとから左斜めを往復で刺します。
右方向に刺し進むと、2列め以降の裏側の渡り糸がすべて縦にそろい、きれいに仕上がります。

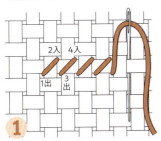 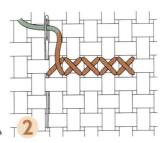 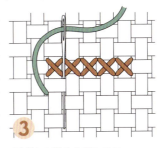 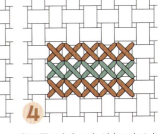

① 1から針を出し、2に針を入れ、「×」の下側を1列刺します。
② ①の上側を刺しながら左方向に戻ります。
③ 同様に2列めを刺します。
④ 常に同じ方向の糸が上になるように刺します。

[あとから裏側の渡り糸に通して始末する方法]

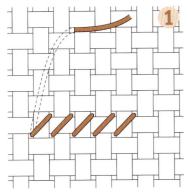

① 少し離れた位置に表側から針を入れて7cmくらい糸を残しておきます。

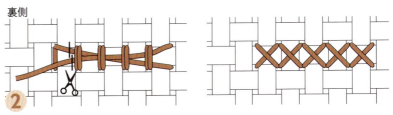

② 刺し終わってから、残しておいた糸を裏側の渡り糸に3～4回くぐらせて切ります。刺し終わりの糸も同様に裏側の目に通して始末します。

107

1目ずつ刺す方法

1目ずつ完成させる方法です。グラデーションの糸を使うときはきれいに色がかわるようにこの方法で刺しましょう。

[横に刺し進める方法] 右から左方向に1目ずつ完成させながら刺します。

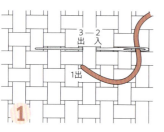
1
1から針を出し、2に入れ、3から出します。

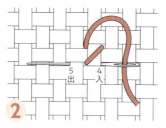
2
4に針を入れ、1目完成させて5から出します。

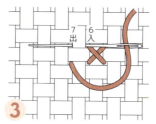
3
左方向に刺し進みます。

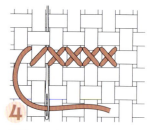
4
同様に2列めを刺します。

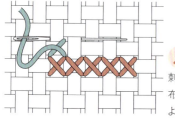
5
刺しやすい向きに布を回転させてもよいでしょう。

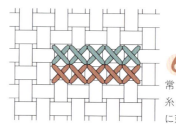
6
常に同じ方向の糸が上になるように刺します。

[縦に刺し進める方法（下から上の場合）] 2列め以降は刺しやすい向きに布を回転させて刺してもよいでしょう。

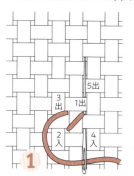
1
1から針を出し、2に入れ、3から出して4に入れ、1目完成させて5から出します。

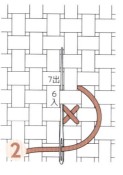
2
6に針を入れ、7から出します。

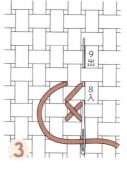
3
8に針を入れ、上方向に刺し進みます。

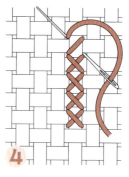
4
同様に2列めを刺します。

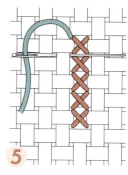
5
刺しやすい向きに布を回転させてもよいでしょう。

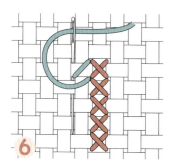
6
「×」の上の目と下の目の向きが1列めと同じか確認しましょう。

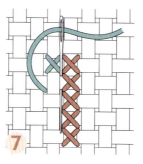
7
下方向に1目ずつ刺し進みます。

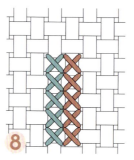
8
常に同じ方向の糸が上になるように刺します。

クロス・ステッチの基本と刺し方

[斜めに左下から右上に刺す方法] 斜めのラインがある図案で使います。
階段を上るように下から1目ずつ完成させながら刺し進みます。

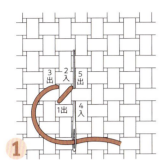

1 1から針を出し、2に入れ、3から出して4に入れ、1目完成させて5から出します。

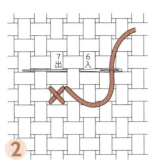

2 6に針を入れ、7から出します。

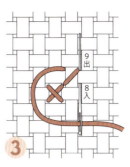

3 8に針を入れ、9から出します。

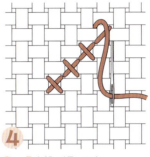

4 1〜3を繰り返します。

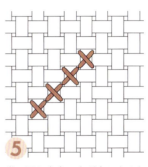

5 常に同じ方向の糸が上になるように刺します。

[斜めに右上から左下に刺す方法] 斜め左下から右上に刺す方法と同様に、図案が斜めに配置されているときに向いています。
刺しやすい方を選びましょう。

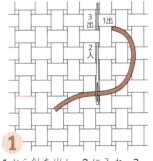

1 1から針を出し、2に入れ、3から出します。

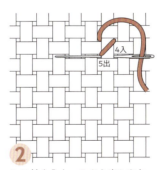

2 4に針を入れ、5から出します。

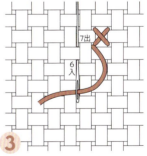

3 6に針を入れ、7から出します。

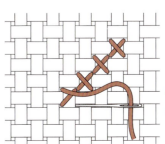

4 1〜3を繰り返します。

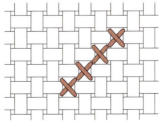

5 常に同じ方向の糸が上になるように刺します。

109

クロス・ステッチの基本と刺し方

ハーフ クロス・ステッチ HALF CROSS STITCH

半分だけ刺すクロス・ステッチです。糸の向きが同じになるようにします。

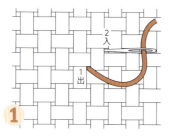

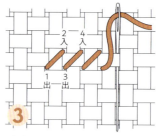

1. 1から針を出し、2に針を入れます。
2. 1目刺せました。
3. 連続して刺すときは右方向に刺し進みます。

ダブル クロス・ステッチ DOUBLE CROSS STITCH

クロス・ステッチの上に角度をかえて十字に刺します。交差する向きをそろえましょう。

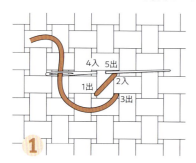
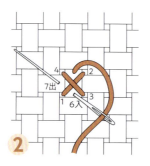
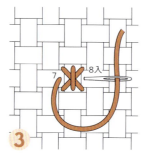

1. クロス・ステッチを1目刺し、2と4の中央5から針を出します。
2. 1と3の中央6に針を入れ、1と4の中央7から出します。
3. 十字になるように8に針を入れます。
4. 1目刺せました。

スリー クォーター・ステッチ THREE QUARTER STITCH

3/4ステッチと表記されることもあります。クロス・ステッチだけだと階段状になるため、組みあわせて使うことで、輪郭線に丸みをつけたり、斜線を作ったりできます。

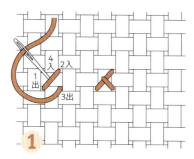
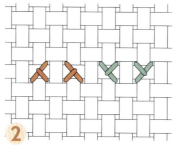

1. ハーフ クロス・ステッチを1目刺し、3から針を出して1と2の中央4に針を入れてとめます。
2. 図案によって向きをかえます。

ホルベイン・ステッチ HOLBEIN STITCH

ライン・ステッチとも呼ばれます。クロス・ステッチと組みあわせて輪郭をとったり、区分線に使うと、模様がはっきりする効果があります。

仕上がりはバック・ステッチに似ていますが、針運びが異なります。表側と裏側が同じに仕上がることも特徴です。ランニング・ステッチを刺し、布をすくいながら残した部分を刺して戻ります。刺す方向をそろえないときれいな直線にならないので気をつけましょう。縦に刺すときは布の向きをかえます。

[直線のライン] 直線を往復で刺す方法です。
戻るときは常に、上から下または下から上、どちらかに統一することできれいな直線になります。

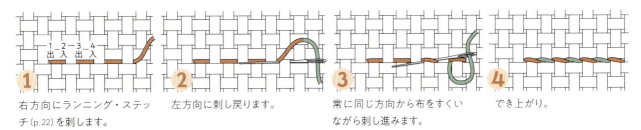

1. 右方向にランニング・ステッチ(p.22)を刺します。
2. 左方向に刺し戻ります。
3. 常に同じ方向から布をすくいながら刺し進みます。
4. でき上がり。

[斜めのライン] 斜めに往復に刺す方法です。直線のラインと同様に、戻るときは常に同じ方向からすくいます。

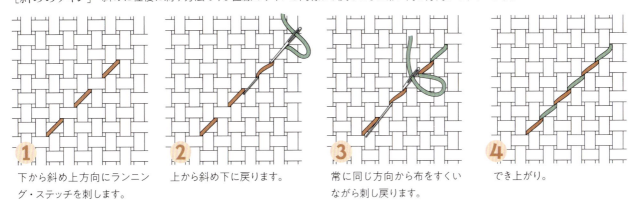

1. 下から斜め上方向にランニング・ステッチを刺します。
2. 上から斜め下に戻ります。
3. 常に同じ方向から布をすくいながら刺し戻ります。
4. でき上がり。

[階段のライン] 輪郭線を描くときに使います。階段を作るように先に縦のラインを刺し、横のラインを刺しながら戻ります。

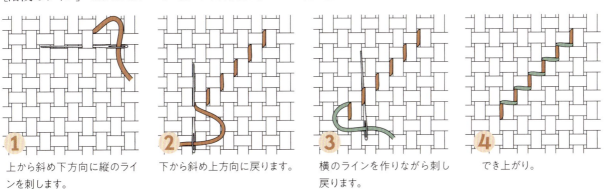

1. 上から斜め下方向に縦のラインを刺します。
2. 下から斜め上方向に戻ります。
3. 横のラインを作りながら刺し戻ります。
4. でき上がり。

牧場
平和で楽しい日々は牧羊犬のおかげ！

デザイン／ダイラクサトミ

クロス・ステッチの基本と刺し方

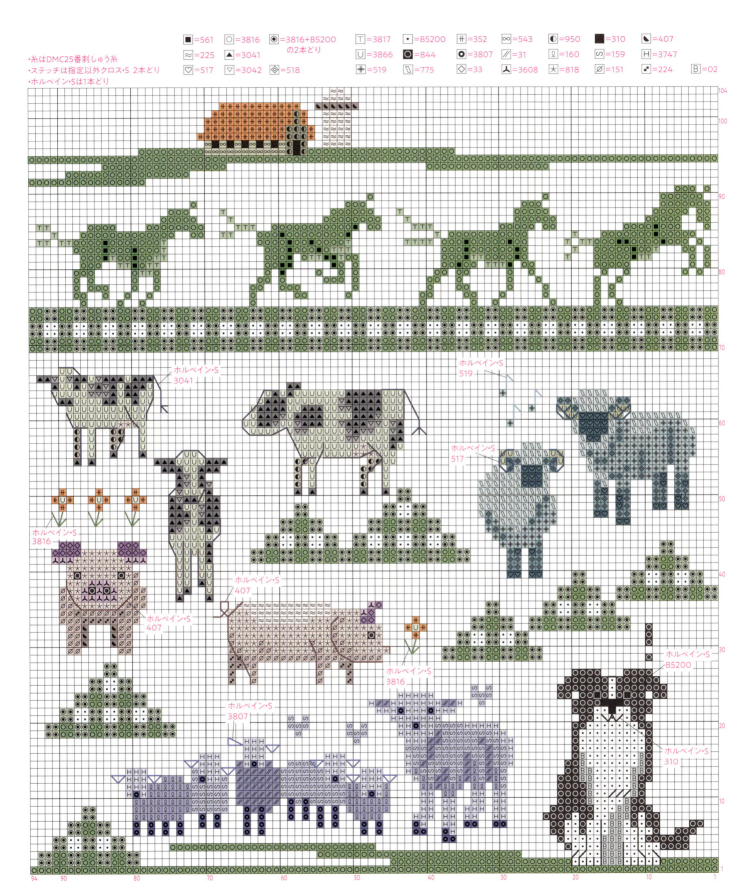

アズレージョ
ポルトガルのタイル装飾をモチーフに

デザイン／ダイラクサトミ

クロス・ステッチの基本と刺し方

カバー作品の刺し方

デザイン／マカベアリス

毛糸の刺しゅう

毛糸の刺しゅうは、コットンの糸とは違い表情を楽しめます。応用図案は、刺しゅう針に通して使える、オーガニックウールを使いました。

毛糸の刺しゅうの基礎

刺しゅうに毛糸を使うと、ふっくらと温かみのある風合いが楽しめます。針穴に通ればどんな種類でもよいですが、刺している間に切れてしまうような摩擦に弱い素材もあるので、刺しゅう用に小巻になった毛糸を使うと安心です。ウールやフェルト、綿や麻などの布の他、既製品のニットやストールにも刺せます。応用図案のページでは、自由刺しゅうの刺し方で紹介していますが、クロス・ステッチの作品にも使えます。アレンジもお楽しみください。

糸について

応用図案では、刺しゅう用の小巻になったECO VITA（DMC）を使っています。天然染料で染色したオーガニックメリノウール100％の糸はやわらかな風合いで洗濯もできます。他にタペストリーウール（DMC）やクルウェルウール（アップルトン）などがあり、色数も豊富にそろっています。1本どりで使うことが多いですが、細い糸は25番刺しゅう糸のように引きそろえて使うこともできます。

DMC ECO VITA
オーガニックメリノウール100％ 約16m
天然染料による落ち着いたカラーパレットが魅力。25番糸3本どりと同じくらいの太さ。

DMC タペストリーウール
ウール100％ 約8m
ベルベットのような豊かな色と滑らかな手触りの太タイプのウール。

アップルトン クルウェルウール
ウール100％ 約25m
甘よりの極細タイプ。糸1本でも、引きそろえて使うこともできます。

布について

やわらかな毛糸の風合いにあう、ウールやフェルトはもちろん、少し目の粗い綿や麻素材もおすすめです。毛糸は目が詰まった布は避けた方がよいでしょう。応用図案ページでは、ECO VITAに最適なヘンプファブリックを使用しています。針の通りがよく、針跡も残らずに美しく仕上がります。

刺しゅう枠について

p.16と同様に刺しゅう枠に布を張って刺します。12〜15cmくらいのサイズが持ちやすく、刺しやすいでしょう。刺し終わったところがつぶれないように、大きい図案の場合は、15〜18cmくらいの枠を選ぶと途中ではめ直す手間も省けるでしょう。

DMC ヘンプファブリック

針について

毛糸の刺しゅうにはシェニール針やタペストリー針を使います。シェニール針は先端が尖っていて、フランス刺しゅう針より太くて針穴も大きいので、目の細かい麻素材に太い毛糸を刺すときなどに向いています。タペストリー針は先端が丸く、クロス・ステッチにも使えます。針の長さは数字の小さい方が太くて長く、大きくなるほど細く短くなります。ECO VITAの糸のように細い糸は、フランス刺しゅう針やクロスステッチ針で刺すこともできます。

タペストリー針

シェニール針

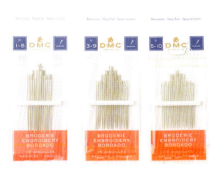
フランス刺しゅう針

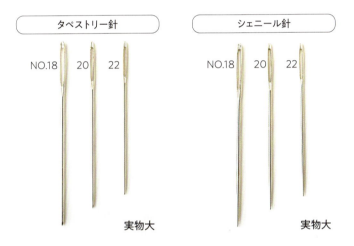

タペストリー針　NO.18　20　22　実物大

シェニール針　NO.18　20　22　実物大

針の違い

- フランス刺しゅう針…
  先端が尖っている
- クロスステッチ針…
  先端が丸く目を拾いやすい
- タペストリー針…
  先端が丸くて針穴が大きく、
  クロスステッチ針よりも太くて長い
- シェニール針…
  先端が尖っていて針穴が大きく、
  フランス刺しゅう針よりも太くて長い

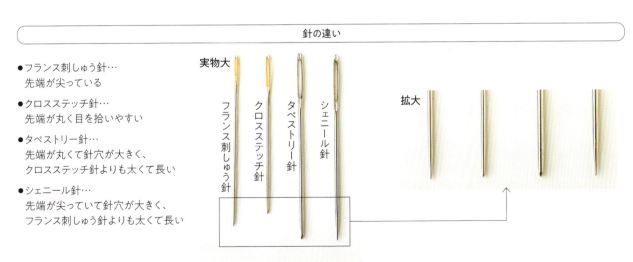

実物大　フランス刺しゅう針　クロスステッチ針　タペストリー針　シェニール針　拡大

フルーツバスケット
オーガニックウールの糸を使って立体感のある仕上がりに

デザイン／マカベアリス

毛糸の刺しゅう

冬の小物
シンプルなマフラーやストールのワンポイントに

デザイン／マカベアリス

毛糸の刺しゅう

122

花刺しゅう
カーディガンやセーターに映えるデザイン

デザイン／笹尾多恵

毛糸の刺しゅう

毛糸の動物刺しゅう
思わず触れてみたくなるようなやわらかな毛並みの動物たち

デザイン／笹尾多恵

応用図案
アップリケ

デザイン／マカベアリス

アップリケ(appliqué)とは、フランス語で「貼る、取りつける」という意味。
土台になる布の上に切り抜いた布や皮を置き、まわりを縫いつけたり、貼りつけたりする手芸のことです。
古くから衣服の装飾の他、補強のために用いられました。

アップリケ・応用作品の作り方

アップリケには目の詰まっていて、まわりがほつれにくいフェルトなどの布が適しています。

コットン、麻、ウールなどは0.2～0.5cmくらいの折り代をつけて裁ちますが、フェルトは裁ち切りにします。技法によっては裏に接着芯を貼って裁ち切りにすることもあります。

折り代は図案線に沿って裏側に折り返し、アイロンをかけます。カーブなどは切り込みを入れて、まわりをぐし縫いして折り返すときれいに仕上がります。

土台布に図案を写し、図案の形に切ったアップリケ布をしつけ糸でとめます。裏面に熱接着シートを貼り、土台布にアイロンで固定するとかんたんです。

25番刺しゅう糸は1～2本どり、ミシン糸は1本の同色を使うことが多いですが、刺しゅう糸3～6本どりにし、配色のよい色を使ってアクセントをつけるデザインもあります。

たてまつり
糸が布に対し直角になるように刺します。

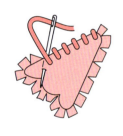

チェーン・ステッチ
アップリケの布端を刺し、チェーン・ステッチで押さえます。

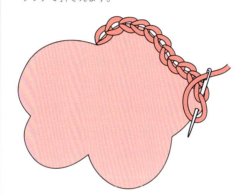

ボタンホール・ステッチ
輪郭線が糸で隠れるので裁ち切り布に向いています。

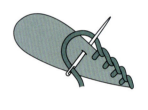

ところどころをステッチでとめつける方法
花や葉っぱの中心をステッチでとめつけると、布端が浮いて立体感が出ます。

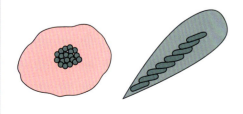

この他にも、ランニング・ステッチ、コーチング、ヘリングボーン・ステッチ、クロス・ステッチなどが使えます。0.2～0.3cm内側をミシン・ステッチやジグザグミシンでとめる方法もあります。デザインにあわせて使い分けましょう。

応用作品の作り方

エコバッグ ［写真p.6］

材料
- 麻地 ホワイト84cm×56cm
- DMC 25番刺しゅう糸 701、3818
- でき上がり寸法…40cm×39cm

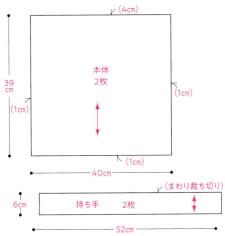

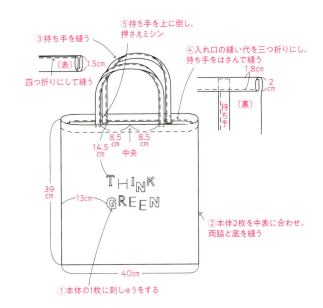

- 糸はDMC25番刺しゅう糸
  指定以外は2本どり
- ★＝レイジーデイジー・Sの上からストレートSを刺す
- F＝フレンチノット（2回巻き）

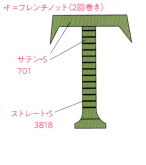

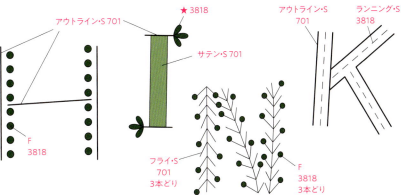

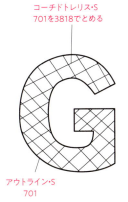

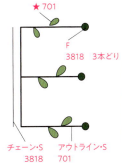

応用作品の作り方

チャーム［写真p.7］

材料
- DMC ヘンプファブリック ホワイト
  ねこ／20cm×20cm　いぬ／20cm×20cm
- DMC 25番刺しゅう糸（ねこ／p.75、いぬ p.77／参照）
- ねこ／幅0.6cmのテープ25cm
- いぬ／幅1cmのテープ10cm
- いぬのみ／外径2.5cmのリング
- 手芸用化繊綿

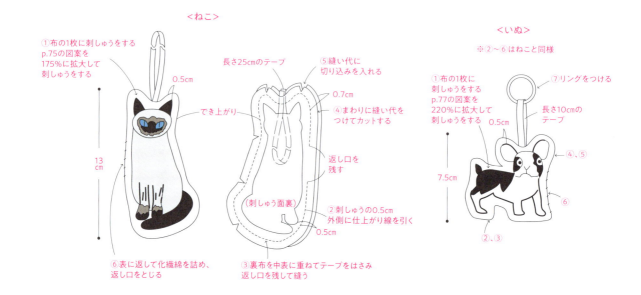

ブラウス［写真p.8］

材料
既製の綿のブラウス
DMC 25番刺しゅう糸（p.67参照）

カバーオール［写真p.9］

材料
既製のカバーオール
DMC 25番刺しゅう糸（p.83参照）

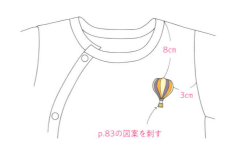

巾着 大中小 [写真p.10]

材料
- DMC ヘンプファブリック
  大／ブルーグレー 35cm×43cm 2枚　中／ホワイト 30cm×38cm 2枚　小／ベージュ 24cm×32cm 2枚
- DMC 25番刺しゅう糸 (p.73参照)
- 幅0.3cmの綿テープ
  大／80cm 2本　中／76cm 2本　小／65cm 2本

でき上がり寸法…大／33cm×36cm　中／28cm×31cm　小／21.5cm×25cm

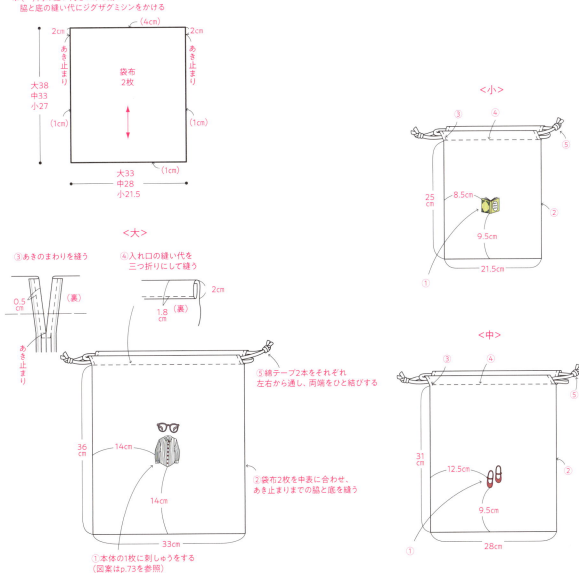

INDEX

赤字──ステッチの種類と刺し方
青字──応用図案と作品
黒字──その他

あ行

アウトライン・ステッチ……28
アウトライン フィリング……30
アズレージョ……114
アップリケ……128
アルファベット……90・91
糸について……12
糸について（毛糸の刺しゅう）……118
糸の重なり分をかえると太さがかわる（アウトライン・ステッチ）……29
糸の通し方……18
糸の本数をかえると太さがかわる（アウトライン・ステッチ）……28
糸の本数をかえると大きさがかわる（フレンチ ノット）……41
いぬ……76
ウィップド アウトライン・ステッチ……31
ウィップド チェーン・ステッチ……36
ウィップド バック・ステッチ……26
ウィップド ランニング・ステッチ……23
裏もきれいに刺すワンポイント……49
エコバッグ……6
応用作品の作り方……131
オープン チェーン・ステッチ……38
オープン ボタンホール フィリング……55

か行

カバーオール……9
カバー作品の刺し方……116
カーブのある線を刺すときのコツ（アウトライン・ステッチ）……29
恐竜ワールド……78
巾着……10
クリスマス……94
クレタン・ステッチ……52
クロス・ステッチ……106
クロス・ステッチの基礎……102
クロス・ステッチの刺し方……106
クローズド ヘリングボーン・ステッチ……54

クローズド ボタンホール・ステッチ……55
毛糸の刺しゅうの基礎……118
毛糸の動物刺しゅう……126
ケーブル・ステッチ……42
ケーブル チェーン・ステッチ……39
コーチド トレリス・ステッチ……32
コーチング……32
コーラル・ステッチ……43

さ行

刺し始めと刺し終わり……18・19
刺し始めと刺し終わり（クロス・ステッチ）……106・107
サテン・ステッチ……46
仕上げ……20
シード・ステッチ……24
ジグザグ・ステッチ……25
刺しゅう糸の使い方……17
刺しゅうの用具……15
刺しゅう枠について（毛糸の刺しゅう）……118
刺しゅう枠の使い方……16
刺しゅうをする前の下準備……16
刺しゅうを始める前に……12
ジャーマン ノット……42
自由刺しゅうの基礎……22
植物刺しゅう……62
芯入りサテン・ステッチの刺し方……46
図案の写し方……16
図案の形別刺し方ワンポイント（サテン・ステッチ）……47
図案の見方（クロス・ステッチ）……104
図案の見方と刺し方……20
スイーツ……84
ストレート・ステッチ……22
スパイダー ウェブ ローズ・ステッチ……58
スリー クォーター・ステッチ……110
スレッデッド アウトライン・ステッチ……31
スレッデッド バック・ステッチ……27
スレッデッド ランニング・ステッチ……23

た行

ダーニング・ステッチ……24
たてまつり（アップリケ）……130
ダブル クロス・ステッチ……110

ダブル フェザー・ステッチ……51

ダブル レイジー デイジー・ステッチ……34

チェーン・ステッチ……36

チェーン・ステッチ（アップリケ）……130

チェーン フィリング……37

チャーム……7

ツイステッド チェーン・ステッチ……39

ツイステッド レイジー デイジー・ステッチ……35

動物いろいろ……80

ところどころをステッチでとめつける方法（アップリケ）……130

途中で糸が足りなくなったとき……37

な行

日常のアイテム……72

抜きキャンバスとマジックペーパー……105

布について……14

布について（クロス・ステッチ）……103

布について（毛糸の刺しゅう）……118

ねこ……74

ノットを刺すときのコツ……43

野の花……64

乗り物……82

は行

ハーフ クロス・ステッチ……110

バスケット・ステッチA……56

バスケット・ステッチB……56

バスケット・ステッチC……57

バスケット・ステッチD……57

バック・ステッチ……26

花刺しゅう……124

薔薇……68

バリオン・ステッチ……44

バリオン チェーン・ステッチ……45

バリオン ノット……45

バリオン ローズ・ステッチ……44

針について……13

針について（クロス・ステッチ）……102

針について（毛糸の刺しゅう）……119

1目ずつ刺す方法（クロス・ステッチ）……108・109

ファーン・ステッチ……52

フィート シーフ・ステッチ……25

フィッシュボーン・ステッチ……53

フェザー・ステッチ……51

冬の小物……122

フライ・ステッチ……50

ブラウス……8

フラワーガーデン……66

フルーツバスケット……120

フレンチ ノット 1回巻き……40

フレンチ ノット 2回巻き……40

フレンチ ノット フィリング……41

ブロークン チェーン・ステッチ……38

ペキニーズ・ステッチ……27

ヘリングボーン・ステッチ……54

北欧のモチーフ……96

牧場……112

ボタンホール・ステッチ……55

ボタンホール・ステッチ（アップリケ）……130

ホルベイン・ステッチ……111

ま行

文字……86・87

モノトーンの花……70

や行

指を使って巻く刺し方（フレンチ ノット 2回巻きの場合）……41

横に往復する刺し方（クロス・ステッチ）……107

ら行

ラインアート……60

ランニング・ステッチ……22

リーフ・ステッチ……53

リブド スパイダー ウェブ・ステッチ……58

ルーマニアン コーチング……33

ルーマニアン・ステッチ……33

レイジー デイジー・ステッチ……34

レイジー デイジー・ステッチの上からストレート・ステッチを刺す……35

連続して刺すフライ・ステッチ……50

連続模様……97

ロング アンド ショート・ステッチ……48

撮影協力
ディー・エム・シー株式会社
〒101-0035
東京都千代田区神田紺屋町13番地 山東ビル7F
03-5296-7831
https://www.dmc.com

クロバー株式会社
〒537-0025
大阪府大阪市東成区中道3-15-5
06-6978-2277（お客様係）
https://clover.co.jp

AWABEES

参考書籍
『基礎刺しゅう
自由刺しゅう＆クロス・ステッチ』雄鶏社刊

動画つきでよくわかる！
刺しゅう基礎

監修
マカベアリス

発行者
片桐圭子

発行所
朝日新聞出版
〒104-8011 東京都中央区築地5-3-2
（お問い合わせ）infojitsuyo@asahi.com

印刷所
株式会社シナノグラフィックス

©2025 Asahi Shimbun Publications Inc.
Published in Japan by Asahi Shimbun Publications Inc.
ISBN 978-4-02-333431-1

定価はカバーに表示してあります。

落丁・乱丁の場合は弊社業務部（電話03-5540-7800）へご連絡ください。
送料弊社負担にてお取り替えいたします。

本書および本書の付属物を無断で複写、複製（コピー）、引用することは著作権法上での例外を除き禁じられています。また代行業者等の第三者に依頼してスキャンやデジタル化することは、たとえ個人や家庭内の利用であっても一切認められておりません。

本書に掲載している作品、図案を製品化し、ハンドメイドマーケットやSNS、オークションでの個人販売、ならびに実店舗、フリーマーケット、バザーなどで営利目的で使用することは、著作権法で禁止されています。個人で手作りを楽しむためのみにご使用ください。

○お電話等での作り方に関するご質問はご遠慮申し上げます。

印刷物のため、作品の色は実物と多少異なる場合があります。ご了承ください。
※材料は2025年3月現在のものです。

Staff

監修・プロセス指導
マカベアリス

作品デザイン
朝山制子 オノエ・メグミ くまだまり
こむらたのりこ 笹尾多恵
ダイラクサトミ マカベアリス

デザイン
三木俊一 髙見朋子（文京図案室）

撮影
三好宣弘（RELATION）

スタイリング
澤入美佳

トレース
大楽里美 山崎裕美（day studio）

動画・編集協力
植松倫子 善方信子 永谷千絵 渡辺道子

編集
佐藤周子

編集デスク
朝日新聞出版 生活・文化編集部（森香織）